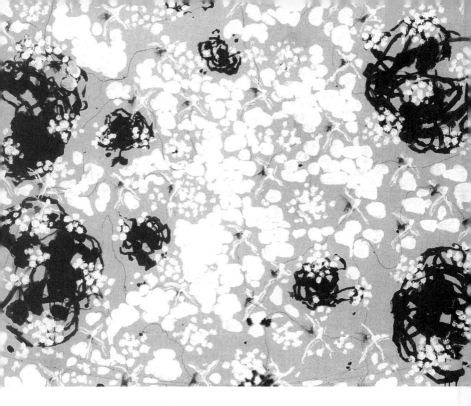

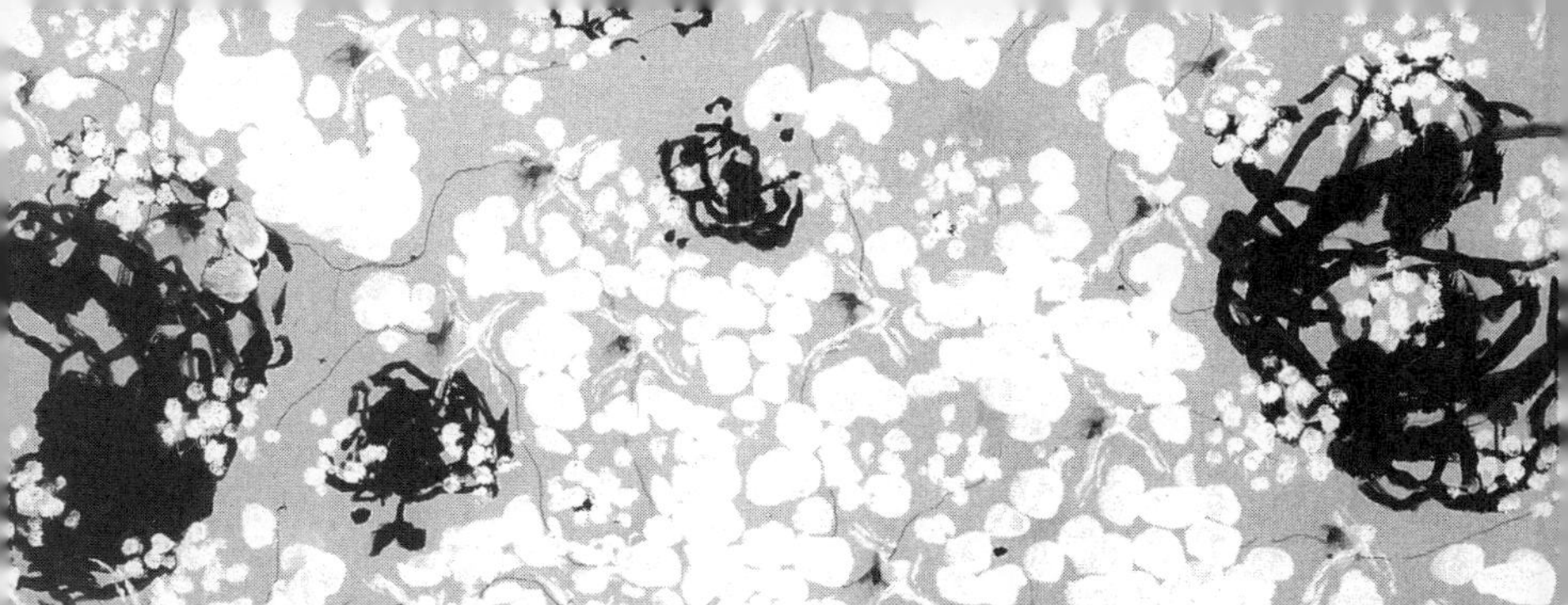

ジェネラリストとしての心理臨床家

クライエントと大切な事実をどう分かち合うか

Murase Kayoko
村瀬嘉代子

Ψ
金剛出版

はじめに　理論を超える現実

――ジェネラリストとしての臨床家――

一　理論、技法と実践

心理的な生き難さを持つ人に対し、市井の民として責任のおえる範囲で、被支援者の求めることや必要とすることに対してその辛さをやわらげるべくかかわりを持つことは、惻隠《そくいん》の情の発露であり、あえて説明責任が求められることではなかろう。だが、専門職業としての心理支援については、適用する方法とその効果、必要性を説明しうる説明責任が基本的に求められる。この意味で近年、認知行動療法は有効だと実証されたエビデンスがあるとされ、経済原理にも適うものとして、その適用範囲は急速に広まった。

一方、どのように精緻な理論や方法によっても、臨床場面で出会う現実は複雑多様で指の間から砂がこぼれ落ちるように理論や整理された方法から抜け落ちて行く事実がある。セラピストが自分に満足しきっていて、観察力・想像力の働きが乏しかったり、一つの事象の背後に実は次元を異にするさまざまな事柄や要因が連なっていることにジェネラルアーツを活かして思いを巡らさないと、そのプログラムでは掬《すく》いきれない実はそのクライエントにとっては大切な手懸かりを見落としてしまうこともありえる。心理臨床の現実には、既成の理論や技法で捉えきれない超えたところがある。さらにこの現実は時に非常に流動的でもあり、この動きにタイムリーに心理支援者は合わせていかねばならない。

方法論と実践がどれくらいピタりと鍵穴に鍵が合うように支援過程が進むか、この程度が支援者の熟達度を現しているともいえよう。支援者は自分の在り方を検討することが大切であり、これを行わずに支援過程の進行がはかばかしくないことを、被支援者が重篤であるとか、抵抗が強いなどと安易に考えないことが肝要である。

二　当事者（被支援者）の視点、スタンスを理解する

プログラムは相応のデータに基づき、思索と手順を経て作られてはいる。だが個人が独自のものとして持っている諸々の特性は時としてプログラムの内容とはそぐわないことがある。ときにそのそぐわなさはその個人にとってその時点ではかけがえのない真実であるという場合もある。そういう局面でどう対応するのか、いわゆる臨床的センスが問われる。ある施設で、暴力をはじめその他逸脱傾向が激しい小学校高学年の少女たちに人の感情を理解し汲み取る学習の一つとして、提示された人の顔の絵を見て、表情から人の気持を理解する学習をしていた場面でのことである。多動で着席も続きがたいということで、机は模造紙に被《おお》われ、少女たちは黒板の絵カードを見る傍ら、手元の模造紙に落書きすることが許されていた。笑い顔の絵が提示され、幾人かの少女が「笑ってる、嬉しい顔」と答え、正解とされて次のカードに進んだ。この時、一人の少女が「うんと辛いとき、悲しいとき、それを押し隠そうと笑うことある！　ひどく

辛いときそうするだろ！」と絞り出すように言った。明らかにそのプログラム施行者に聞こえたはずなのに何もないかの如く次のカードが提示された。件《くだん》の少女は「これなんだから……」と手元の紙に力を込めて殴り書きを始め、あとはカードに目を向けなくなった……。

微妙な人の気持の表現に気づき、考え、理解を深める機会と思われたのだが……。こうした例は挙げればきりがない。ワークブックの内容が理解できないのに、意欲不足者と見做されるとか……。提示される題材がその被支援者にはあまりにも平板な内容で「自分はここまで落ちたか……」と一層調子を崩す本来資質が高い人……。異常とされる行動を日夜目の当たりにせざるを得ないような環境で育ち、それ以外の人らしい生活を知らなかった子どもに、その異常行動の非を説明されて、プログラム学習に入るなど……。このような場合、まずほっと安心し、大切にされているという実感を贈ることが要るのではなかろうか。心理支援者には、的確なアセスメントに基づいて、臨場感をもって思い描けるくらいの背景事情に対する理解が望まれる。

三　相対化して捉える視点と柔軟性

可視的な成果とそれを挙げる速度が尊重される時代にあって、数値にばかり依拠せず、個別の中に普遍性を見いだす営みや整えられた技法を被支援者の必要性に応じて、時に柔軟に変えたりすることや外見上は効果を発揮しつつある技法が当の被支援者には、実際どう体験されているか、と検討する視点を忘れぬようにしたい。外見的には成果が上がっていると見做されても、成果の割に当の支援者は相当の苦痛を感じていて、それを表現し得ないなどという場合がある。被支援者の状態の推移に即応して、プログラムに調整を加えたり、思い切って別の方法を採用する思慮に裏打ちされた柔軟性も必要である。

アメリカ心理学会では効果研究が技法の良否を競うあまりに多く行われるので、多面的に事実を検証しようとワーキンググループを作り、心理療法の効果研究をプロセス分析をはじめとするさまざまな方法を組み合わせて行った（APA Presidential task force on evidence-based practice, 2006）。同様の研究を岩壁（二〇〇八）も行っている。両者の結果は心理支援活動の過程の進行に伴う状況を被支援者がいかに支援を受けとめているかという視点を取り入れて的確にアセスメントし、必要性に応じて、その時点で適切と考えられる方法を取り入れていくことが効果がある、と結論づけている。フリーダ・フロム・ライヒマンの患者であったハナ・グリーンが語った言葉「自分が病から回復できたのは、フロム・ライヒマンが患者の役に立つと考えたとき、自分の方法を潔く変える優しさを持っていたからだ……」（一九七一）が思い出される。

去る五月、日本子ども虐待防止学会の命を受けて、渡辺久子先生のお供でラター（Michael Rutter）博士をロンドンにお訪ねし、苦境にある子どもたち（社会的養護児童）への支援についてお話を伺ってきた。現在も博士は臨床並びに研究活動にお元気で従事されているがプログラムに話題が及んだとき、まずよいプログラムを峻別して利用すべきであること、そしてすべてに言えることだが個別化という視点は絶体必要だと繰り返された。

数量によって示されるエビデンスの質をいかに高めていくか、そして個別的な眼差しを忘れぬことと個別の中にある普遍性やその個人にとっての真実、これをどう見いだし、扱っていくか、二律背反的要素を含むが支援活動において向き合っていかねばならない課題である。

文　献

APA Presidential task force on evidence-based practice（2006）Evidence-based practice in psychology. American Psychologist 61（4）；271-285.

ハナ・グリーン（佐伯わか子・笠原嘉訳（一九七一）『デボラの世界』みすず書房）

岩壁茂（二〇〇八）『プロセス研究の方法』新曜社

目次

ジェネラリストとしての心理臨床家

臨床心理学を学ぶとはどういうことか

臨床心理学は「心理学的な原理や知識を総合応用して、人間の心理的障害・病理の問題を解決することを図り、そのための理論および技法を研究する学問」と『広辞苑』には定義されている。さて、「臨床心理学」という言葉を目にして、関心をもたれる方は狭義の知的関心で、理論や技法を学びたいという以上に、それが人の生の質をよくするために裨益《ひえき》するものであるらしい、ならば現実にそれはどのように役立ち得るのか、ということに注目されるのではあるまいか。

臨床心理学は今日では相当世の中に識られるようになり、これを学んで臨床心理士の資格を取得した人々の活動領域は、教育、福祉、医療・保険、産業・労働、司法・法務・警察、大学・研究所、さらには臨床心理士が個人またはグループで運営している私設心理相談など広い領域に及んでおり、臨床心理士の資格取得者は平成二三年二月時点で、二万三七〇人（平成三〇年四月現在三万四五〇四人）である。（臨床心理士は文部科学省認可による財団法人、日本臨床心理士資格認定協会が一九八八年から臨床心理士の資格認定を行っており、全国一七四校（一種一六五校、二種九校）の指定大学院並びに五校の専門職大学院の修士課程を修了していることが基本的受験要件となっている。）

そもそも「臨床」とは「病の床の傍らに侍《はべ》る」という意味である。人が少しでも生きやすくなるように、

「誰に対しても基本的に人として遇し、個人に寄り添う姿勢」でクライエントに出会うことが基盤である。心理的に援助するには、相手の被援助者、クライエントとの間に、「この人は信頼できる、この人に自己開示しよう……」という信頼関係が成り立つことが基本要因である。信頼されうる要件とは何か。知的な理論や技法の習熟と並んで、あるいはそれらを裏打ちするものとして、人間性が求められるところが臨床心理学を学ぼうとする者にとって必須の課題なのである。臨床心理学の専門性とはその理論や技法が人間性に裏打ちされて体現されることが求められているところが特質である。

はるか以前のことであるが、亡き夫村瀬孝雄が、思春期のメンタルヘルスに関与する臨床心理学的な要因についての研究を、問題が起きてから過去を振り返って要因を抽出するレトロスペクティヴな方法でなく、子どもたちの成長過程を追っていくプロスペクティヴな追跡調査を中学校一年生から高校三年生までを対象に、スクリーニング調査とそれを経た臨床群の人々について投影法をも加えた面接調査を行っていた。面接者の一人として研究を手伝った折りのことである。面接に来訪する高校生たちには「村瀬先生の奥さん」と紹介され、面接の他にそれぞれの好みを配慮しながら茶菓を供することも私の役割であった。奥さんに面接してほしい、という指名の申し出も中にはあった。

三五人の同学年の高校生に混じって、一人進学せず、魚の缶詰製造工場の工員になった少女がいた。両親不仲の家庭に育ち、何れの親とも気持が通わぬうちに、母親は小学校五年生時に病死し、姉は家を逃れて早くに住み込み就労し、彼女は父親と口論しながら二人暮らしをしていた。彼女は素質の割に成績が不振、人間不信が強くて、教師にも級友にもなじまない、と中学校時代は代々の担任から評されて、疎外感を抱いて進学もしなかったのであった。

盛夏のある午後、面接に訪れた彼女はまず、冷えた紅茶と手作りのゼリーが美味しい、と微笑んだ。初めてみる緊張が緩んだ様子であった。彼女は夢中で、魚工場の仕事の色々、臓物の臭いが辛い、自分以外は中年の女性ばかりで就労者間で話題が合わない、猥談が飛び交い、気付いてみると自分が笑うのはそんな時だけ……、これでいいのか……、同級生より人間として遅れていくような不安がある……、自分は人生の方向について自棄的で真面目についぞ考えたことはなかった……。親を恨んできた……、でも恨みからは自分も惨めで何も生まれないように思う。今からでもやり直しができるか……。沸き上がる想いを彼女は半ば私に、半ば自問しつつ言葉にした。私は彼女の言葉を素直に受け取りつつ、その背景の来し方やこれから、そして今の人間関係や家庭の事情諸々などについて想像を巡らしつつ真摯に聴き入り、時折、彼女の求めに応じて、控えめに参考となるやもしれないことを語った……。彼女はしばし考えてから真剣な眼差しで問いかけた。

「不思議だ。おばさんは村瀬孝雄先生の奥さんで小さい子と義理のお母さんの世話してる普通のおばさんだと見える。だけど、おばさんと話しているうちに、自分の考えと気持が整理されて、すーっと落ち着き、いつも苛々していたのが何か考えがまとまってきた。父親に怒りと軽蔑しか感じていなかったのに、何か父親の苦労と寂しさが少し想像できるような……。自分が話していて、考えが落ち着きまとまってきたのは、おばさんが本当は相当勉強して仕事もしてきた人だからではないかと思う。本当に人のことがわかる人だと思った……。正直に教えてほしい……。おばさんが上級学校も行かずただ家事をしてきた人なら自分は進学しないでおこうと思う。でも、おばさんが私に与えた今の影響は、ただ優しいだけじゃなく、勉強や仕事をしてきた結果の何かがあるのではないか、そうなら自分は今から定時制高校に進学し、本気で勉強したい。正直に答えてほしい」。

吃驚《びっくり》した。私はぼそぼそと正直に答えた。彼女は翌春定時制高校へ進学し、学ぶことが楽しいことだと初めて実感している、と便りがあった。さらに数年を経て、大学で先輩の研究者と結婚し、働きつつ学び、主婦業もこなしている多忙ながら幸せな日々だというスナップショットが添えられた年賀状が届いた。臨床心理学を学んだ者としてのアイデンティティというようなことが話題になるが、言葉で自己規定するというより、理論や技法が人間性と相まって存在や振る舞いに現れるのが本当ではないかとふと考えたりする。

臨床心理学の実践というか、営みはなかなか目に見える形で現しにくいのが特徴である。また、人を援助するという営みは視点を自分において、限定した視点からだけ、ものごとを観察し、考察していると、時として、そこに生じている実体とは違って、自分に都合の良い事実だけを拾い上げていくようになる陥穽《かんせい》があることをしっかり自覚することが必要である。限りなく相手に身を添わせて、その体験世界を追体験し、分かろうとする繊細な感受性、感情移入能力と、一方では自分や相手、さらには自分や相手を含む時間的・空間的全体状況を客観的に捉える冷静な態度とを併せ持つことが求められる。臨床心理の実践とはまさにパラドキシカルな営みなのである。冷静さと暖かさをいかにバランスよく統合して体現していくか、これが臨床心理学を学んで、実践していくときの難しさであり、かつこれでよいという上限のない課題に向かっていく楽しさでもあると言えよう。

臨床心理学を学び、その力量を増していくには、最新の理論や技法に常に注意を払って学ぶ努力と平行して、自分のあり方を正直に振り返り、人間性の陶冶《とうや》に努めること、ジェネラルアーツを豊かに持つ努力、さらには日々の生活を堅実に大切に暮らしていくことが求められていると思う。

参考文献

土居健郎（一九七七）『方法としての面接』医学書院。執筆者は精神医学者であるが、臨床心理学は近接領域についての学習は他の専門領域に比較して、とりわけ必要とされること、さらに人のこころを理解するとはどういうことか、そのために何が求められるかについて、本書には小冊子ながら本質が凝縮して分かりやすく述べられている。

村瀬嘉代子（二〇〇九）『改訂新版 子どもと大人の心の架け橋』金剛出版。題名からは子どもの臨床領域ともとれるが、臨床心理学の理論と技法、それをどう実践に展開していくかについてさまざまな領域に通底する要諦となることが記述されている。巻末の最終講義に於いては、さまざまな前例のない困難をともなう臨床領域で、どのようにかかわりの緒を見いだしていくか、さらに実践を通して理論や新たな技法を見いだしていく過程について具体的に述べられている。

心理療法の基本と統合的心理療法

はじめに

これまで司法矯正、医療、教育、福祉、研究という領域で、心理的支援に携わってきた過程で、心理療法の営みとは、クライエントの必要性に応えようとして眼前に存在する事実を基に帰納的に展開されるはずのものであり、理論にあてはまらずあたかも指の間から砂がこぼれ落ちようとするその事象にも、確かに着目したいと考えてきた。疾病や障害の程度はほぼ同じでも生活の質のいかんによりクライエントの生きやすさは異なってくるという事実、そして、いずれの心理療法にも通底する基本を大切にすることが、狭義の心理療法を行う基盤であることを経験してきた。

臨床の現実は既成の理論や技法をしばしば超えており、発達障害や重篤な精神疾患をもつ人、深刻な虐待経験をもち自分自身や世界に対して基本的信頼感をもてない子どもたちへの支援を通して、単一の理論や技法による対応では不十分であることを痛感し、クライエントの必要性からクライエント側に軸足を置いて、理論や技法の統合、創案を行い、同時にセラピスト自身の質的向上について探索し統合をめざしてきた（村瀬 一九八八、一九九〇）、理論や技法の統合を試みながら、同時にセラピスト自身の統合をも考え進め、心理療法の統合を提案するに至った（村瀬 二〇〇三）。

一　心理療法（精神療法）の基本となるもの

心理療法（精神療法）という言葉から狭義の体系化された認知行動療法、精神分析などを想起しがちであるが、中井（一九八五）は狭義の精神療法の基盤に広義の精神療法が必須であると説き、「広義の精神療法は、治療者の一挙一動に始まり、治療で起こること全てがもつ治療的含蓄を、治療者が理解することが出発点である（後略）」と述べている。

青木（二〇〇六）は、「心理療法は臨床と日々の生活を貫くものとして存在する。（中略）人を人として丁寧に遇するという姿勢でもあり、（中略）苦悩や困難を抱きながら生きる人への畏敬の念（後略）」と述べ、「広い意味で、精神療法とは患者と出会ったときから始まり、別れるまで続く精神科臨床に広く浸透しているもの」と述べている。江口（二〇〇九）もまた催眠療法の創始者として多く連想されるであろうジャネによる精神療法の定義が今日に至るも適切なものであると引用しているが、表現は異なるがこれは前出の中井、青木の述べる内容と同じであり、同様の見解は神田橋（一九八八）、山下（一九九七）、村上（二〇〇七）によっても示されている。技法に異同はあろうが、精神療法の基本には次に列挙することが含まれよう。

①基本的にいかなる人に対しても人として遇する態度、人の自尊心を大切にする。

②まず、セラピストは、時・所・位についての自覚が必須であろう。時間軸にそって、時代の特質、クライエントやかかわる人々のライフサイクル上の意味、同様にセラピスト自身についても考える。セ

ラピストは、自分の所属する組織の特質、機能、役割などの認識を基に所属する組織の中での自分の位置や職権、職能、専門性の習熟度を自覚する。

③心理臨床の理論や技法は実践の中から、帰納法的に抽出し洗練されていくはずのものである。はじめに理論ありきでなく事象を観察した後、理論を適用し、時に新たな提案を行う。

④セラピストはバランス感覚をもち、可能な限りクライエントと基本的に協働作業を行う姿勢で目的を共有し、同時に相互開拓の安定性をめざす。

⑤一方、相対化した視点で全体状況を的確に捉え、焦点と全体状況を同時に多焦点で捉え、アセスメントを行う。

⑥クライエントの潜在可能性、レジリエンスに着目する。

⑦仮に障害や疾病は寛解せずとも生活を視野に入れて、生きやすさを増す支援をめざす。

二　心理療法の統合という視点

心理的支援の対象がより重篤な障害や疾病をもつ人々へと広がるにつれ、生物・心理・社会モデルでの対応が求められるに至った。単一の理論や技法を演繹的に適用することでは不十分である。そこで、一九八三年にアメリカで「Society for the Exploration of Psychotherapy Integration（心理療法の統合を探求する学会）」が設立された。ただ、この学会の機関誌や、その他「心理療法の統合」と提唱される論考は、いかに異なる技法や理論を組み合わせるかという考究が中心であり、統合的アプローチを行うセラピスト自身の資質や姿勢、育成についてはほとんど言及されていない。臨床実践に役立つ心理療法の統合には次のような特質が求められよう。

（1）理論や技法の統合のみでなく、統合の主体となるセラピストのあり方に着目する

「統合」とはあれこれ取捨選択し適当なところを取り入れるとか、二つの物からよい点を取り入れて別種の物を作るといった「折衷」とは異なるはずである。

「統合」と折衷には、異なるものを合わせるという共通の意味はあるものの、「統合」はそれらが合わさり、これまでとは異なる質的変容を遂げ、機能が向上するという意味を内包している。これを心理療法について考えると「統合的心理療法とは、二つ以上の学派の考え方を合わせて一つのまとまりある新たな状態を作り、統合以前よりも帰納的向上をはかることでクライエントの問題解決（生きやすさを増す）に役立つ状態を、セラピスト自身の中や治療環境全体の中に創り出すこと」である。

（2）クライエントの必要性からする統合、クライエントの視点に立とうとする統合

クライエント側の必要性を考えることに軸足を置き、理論や技法の統合を考え進めながら、同時併行して、その質的向上を可能にさせるセラピスト自身の総合的能力向上をめざす。

（3）統合にはさまざまな意味がある——理論間にとどまらず、さまざまなものをつなぐ

①クライエントの内面世界と現実世界をつなぐ。
②クライエントの見方、感じ方や体験をセラピストはじめ他の人々のそれらとつなぐ。
③クライエントのうちの分断されている歴史、時間をつないで将来への展望を探す。

④クライエントが求めていることとそれを可能にする手立てをつなぐ。
⑤クライエントにかかわりをもつ機関の中や、その機関に関連する人々をつなぐ。
⑥セラピスト自身のうちに生じる感情と思考とをつなぐ。
⑦セラピストの感性の捉える内容をセラピストや機関の役割とつなぐ。

(4) 統合的アプローチにおける統合の軸（村瀬 二〇〇三、二〇一五、新保 二〇一二）

理論間の統合にとどまらず、クライエントの必要性に添うためにさまざまな要因に注目して進める統合的心理療法においては、アセスメントと支援とがその開始時から終了まで進行過程においてはクライエントの状態や背景の状況に即応するように、両者は裏打ちして行われていく。「複眼的視野・視点をもちながら多軸で考え、多面的にかかわる」ことが求められる。その軸は大きくは次の六軸に分けられる（詳細は文献参照）。

①現在の状態把握とリソースの発見—年齢、性別、生育歴、家族関係、生活の質、症状や行動上の問題につき疾病学的理解ならびにそれらがもつ意味やメッセージを汲みとる。
②目標の明確化とクライエントの希望とのすり合わせ。
③課題やアプローチの適切性を常に検討する—着手できるところから、発達的観点から妥当か、質的変容をもたらしうるか、クライエントの自尊心は守られているか。
④第三軸で検討されている課題やアプローチが実際のかかわりの中で適合しているか。
⑤治療的環境の醸成と構造化—治療的環境の醸成とその活用（非専門家も含んでチームワーク、コラボレーション、連携を大切に考える）、セッションの内と外、治療効果の一般化、波及効果の検討。

⑥セラピスト自身が常に自分のあり方を点検・吟味する。

三　統合的心理療法の特質

統合的心理療法にはさまざまな心理療法の要素が取り入れられ、さまざまな学派との共通性をもつが、そのいずれでもない。主な心理療法の学派との比較検討は、表1（新保）の通りである。本論で述べる統合的心理療法とはメタ心理療法で、あえて換言すればどの心理療法にも共通する要素を超えた心理療法、すなわち臨床家が理論学派にかかわらず、基本的姿勢としてもつべきアプローチとしての性格をもつ。

四　事例の素描

ある重複聴覚障害者施設から、手話や文字などコミュニケーション手段をほとんど使えず重篤な精神症状や行動上の問題をもち、かかわりに困難を感じている入所者（適切な投薬が困難、入院してもコミュニケーションがとれず時に状態悪化）と疲弊している職員集団への心理的支援を求められた。

職員の半数は施設内精神風土の変容を期待し、半数の職員は意欲消耗して懐疑的、冒頭に開口一番「この重症者に期待することは無理、話ではなく、これが臨床心理学だってみせてほしい」と、入所者（施設側がかかわりに困難を感じている）とのやりとりを多くの職員同席の場で行うことを求められた。なお、事例については、本質を損なわないように考慮しつつ、事実を改変してある。

表1　統合的心理療法との共通点と差異（新保（2016）より一部抜粋）（その1）

番号		共通点	差異（統合的心理療法の特徴）
1	精神分析学	①クライエントの状態を的確にアセスメントするために、人格構造、自我の強度や境界、防衛機制の使い方、疾病の種類や病態水準の深さ、そして発達課題の達成度などをみている。それらが入院や司法機関との連携の際の判断に用いられることがある。 ②初期の著作には、「自我境界」（村瀬一九九八）などの記載があり、精神分析学の影響が認められる。 ③ロールシャッハテストやTAT、バウムテスト、人物画などの心理テストの解釈の基本となる理論や技法の適用と禁忌はよく理解されている。	①クライエントの病理の分析や、全面的なパーソナリティの変容などは意図されない。むしろ健康的側面、隠れたリソースなどの潜在可能性の発見に努め、治療的活用を重視する。 ②「今、ここ」で、クライエントの抱える苦痛や生きづらさを緩和するために、着手可能なところから始めるという現実的な姿勢をもつ。 ③分析するよりもクライエントを理解することを重視する。 ④クライエントのみた夢や描いた絵画類、心理テストの結果などは、クライエントの素質、現状の把握や潜在可能性の発見には使用されても、分析的解釈を行う材料としては用いない。 ⑤治療者は過去探索的であるよりも未来志向型をめざし、教育的志向性も有する。 ⑥病態水準だけでなく、他の要因などについても多軸でアセスメントしている。 ⑦最近の著作群では、精神分析学上の概念などの使用はほとんど認められない。
2	行動療法	①クライエントが日々の生活の中で取り組みやすい個別・具体的な課題を与え、それを遂行していく中で、徐々に問題解決能力や身辺自立能力が高まり、うまく問題状況を乗り越えてゆけるように援助してゆく（すぐれて帰納的）。 ②重篤な患者に対してはできるところから始め、当面の葛藤から少し解放され人心地つけるようなかかわりをめざす。スモールステップの原則を適用する。 ③行動療法家の山上敏子氏の実践と多くの共通項ありとの記述あり「含む治療者が素直である」（村瀬二〇〇三）。	①行動療法は要素に分解された行動が対象として論じられていて、行動をしている全体存在としての「人」が浮かび上がってきにくいと指摘（村瀬二〇〇三）。 ②技法や手順よりも治療者側の人格の統合度、内省や感情などを非常に重視する。 ③クライエントの個別性を非常に重視したオーダーメイド心理療法をめざす。クライエントを既製の手法やプログラムに無理にあてはめようとしない。

表１　統合的心理療法との共通点と差異（新保（2016）より一部抜粋）（その２）

番号	3	4
	認知行動療法	クライエント中心療法
共通点	①「クライエントに適切にかかわろうという必要性から、治療過程のある期間、多少の工夫・変容を加えはしたが、私は認知行動療法を部分的に適用してきた」（村瀬二〇一五）との記述がある。 ②「本当は現実を的確に捉え、それに対して柔軟に合目的的にかかわる場合の人の行動に認知行動療法の要素は含まれていると思われる」（村瀬二〇一五）。	①村山（二〇〇四）の述べるロジャーズのアプローチの特徴とは多くの点で共通する。（a）援助のための効果的な方法を絶えず探求し、より有効な援助のあり方を追求し続けた。（b）大切なことはセラピストの人間としてのあり方であり、技術の束ではない。（c）各セラピスト個人の人間的成長を促進することを強調する。（d）自分の追従者、信奉者を作らないように心がける。 ②セラピストに求められる三条件は基本的前提条件。面接時クライエントの話に聞き入るという姿勢・態度。 ③セラピストの中の理論と技法の練成度、内的整合性、言行一致度などの統合度が援助の行く末を決定づける。 ④統合的心理療法は、統合の軸を徹底してクライエント側に置いている（クライエントの必要による統合）という点で、クライエント・センタードであるともいえる。 ⑤自己の内面や生き方に忠実で、正直にあろうと一貫した姿勢をもち、それらに基づいて帰納的に理論や技法を創出してきた姿勢（村瀬二〇〇四）。 ⑥淡々としているが、言葉の背後から人間存在への畏敬と事実に率直に直面する姿勢を有している（人を人として遇する。人と出会うときの基本的態度を含む）。
差異（統合的心理療法の特徴）	①現れている問題の性質や診断名は同じでも、クライエントを型にはめて理解せず、個別的な対応を考えてゆこうとする姿勢（村瀬二〇一五）。 ②セラピストの資質（この人の提示するものなら受け取ってみようという信頼感を抱かせるセラピストのあり方）以外にも四点ほどさらなる検討が必要であると指摘（村瀬二〇一五）。	ロジャーズの理論は、理念型としてはよいが、やや素朴すぎるきらいがあり。特に病態水準の重い方たちや従来のカウンセリングが対象としてこなかった方々に対する援助の際には、クライエントの現状に即したより多様で重層的な枠組みと技量が必要だという認識をもっている。

表1　統合的心理療法との共通点と差異（新保（2016）より一部抜粋）（その3）

番号		共通点	差異（統合的心理療法の特徴）
5	家族療法	①クライエントの育ちなおりを含めた具体的な支援の際に、家族関係が重要な影響と意味をもつという認識を有する。 ②家族の自律的意志を大切にし、どのような治療形態をとるかはクライエントや家族と同意をしながら進めてゆくことが大切であると考えている点。 ③クライエントとともに協同しながら治療関係を構築し、新しい家族の物語（ナラティヴ）を創出してゆこうとする姿勢は、アンダーソンなどと実践的には近いとの指摘もあり、ナラティヴセラピーとの共通点に注目が集まる（森岡二〇〇五）。	①深刻な虐待事例や家族から遺棄された子どもがクライエントの場合には、子どものイメージの中で家族を扱うことから治療的端緒をつかんでゆく必要がある。 ②重篤な障害児の母親に対する援助の際には、家族成員としての役割などをしばし離れて、一人の個人として生を享受できるようなひとときを工夫する。 ③その際には、抵抗を生じるような内的な問題はあえて取り上げないよう留意する。 ④家族の事情への理解と配慮、潜在可能性の発見、自尊心の尊重、個別的存在として捉えるなどを重視する。 ⑤家族療法でよく用いられる技法群を駆使して家族関係の改変を強力に推し進めようとする姿勢よりも、問題を抱えた家族関係や夫婦関係をそっと傍らから支えるというイメージや姿勢を大切にする。
6	コミュニティー心理学	①面接重視の中で心理療法を完結させようとしない。狭い意味での心理主義にとらわれない。 ②一人の治療者がすべてを抱えるのではなく、クライエントにとって必要な地域のリソースを適宜適切な形で活用し、セラピストはその「つなぎ」「連携」に徹する。 ③治療者自身の限界（できることとできないことの区別）をよく意識する。 ④クライエントの生活環境全体への関心と目配りを忘れない点。	①育ちなおりを必要とするような重篤なクライエントへの支援では、セラピストとの二者関係や心理面接のみで完結させようとせず、中間治療施設も含めた地域資源の活用を非常に重視している。 ②他機関との連携の際には、かなり緻密な見立てと工夫（コーディネート）がなされる。全体状況と個別状況の両方をみながら、布置がうまく機能するように、セラピストが触媒となることが期待される。

表 1　統合的心理療法との共通点と差異（新保（2016）より一部抜粋）（その 4）

番号	7	8
	遊戯療法，絵画療法，箱庭療法	内観療法
共通点	①各療法は、方法論の一部として明確に位置づけられている。治療的関係が形成しにくいクライエント、幼児、発達障害児などへのアプローチとしても頻繁に用いられている。 ②各アプローチのメリット、デメリットについてもよく把握しており、またその技法的な側面についても無理、無駄がない状態（セラピストの手の内に十分入っている状態）をめざす。その適応と禁忌についてもよく理解されている。	①村瀬自身の日常的内観の体験を踏まえ、「児童・青年期の人々への統合的アプローチの過程で、本来の内観の本質をなるべく損なわないようにしつつ、適用範囲を広げ、従来の心理療法の治療過程を促進し得ることを目的に案出した短期集中内観療法は、家族への働きかけの一方法として、あるいはクライエント自身が集中的に自分を見つめる方法として、有効であろうと考えるにいたった」と述べている（村瀬一九九五、二〇〇一）。 ②治療構造のセッティングの仕方や治療者の役割や姿勢などとの共通点が多い。 ③内観療法を根底から支えている「素直な文化」との親和性の高さにも注目したい。
差異（統合的心理療法の特徴）	①遊戯、絵画、箱庭などは治療手段であって目的ではない。コミュニケーションの緒をつけることが困難なクライエントに対しては、手がかりを生み出すための道具的活用がなされることが多い（解釈などは基本なされない）。 ②内容面の解釈などに眼を奪われすぎず、セラピーが行われている構造や文脈（プロセス）に注目をし、そこから治療上のヒントを見出すことが大切にされる。 ③技法的側面が前面に出ることなく、むしろクライエントとの関係作り、潜在可能性の発見と開発（クライエントの素質、成長や回復の度合い）などの指標としても多く用いられている。	①内観療法を単独では使用せず、治療的な転機を引き起こすアクセントや引き金として位置づける（ピンポイント的活用を意図）。 ②（短期集中内観など）必ずしもオーソドックスな形式での実施にこだわらない。

図１　Ａの貼り絵：かたつむり

［事例Ａ］

被虐待経験ある重度のＡＳＤと診断されている青年男子、食事、入浴以外は無為で寝転んでいる。時に因果関係不明の暴力。唯一カタツムリを好み、捕獲してきて部屋で這わせている。コミュニケーション手段は身振り、手振り。筆者はカタツムリの貼り絵をサンプルに作り、手振りで貼り絵の作り方を示す。

Ａはサンプルよりも実感のあるカタツムリの貼り絵を完成させ（図１）、施設入所以来初めて淡く微笑し、人差し指で自分の頭にカタツムリの角を真似たポーズをとる。気分よさそうにスキップして退室。職員一同驚き。

この後、Ａは職員の指示に注目するようになり、手を添えて手助けされると軽作業に参加可能になる。表情に動きが現れ、コミュニケーションがとれるようになり、行動にメリハリが生じる。

［事例Ｂ］

還暦近く天涯孤独の女性。統合失調症と診断され投薬歴は長い。非現実の話を一方的に語り、他者からの働きかけは受け付けず、孤立、常に過緊張状態、知的素質は平均以上であろうと推測されていて、手話も使用可能。仮に統合失調症でももう少し緊張が緩んで楽になれたらという施設側の提案。絵を描くという行為はＡに比較すれば可能と思われ、巧拙が問われないスクイグル法を施行。描かれた

図２　Ｂのスクイグル画
外出先の母親へ「早く帰って」と電話中

絵は、画面半分に外出している母親（大人というより少女）を描き、半分に仕切られた画面にいる子どもはお留守番中で、母親に「早く帰ってきて……」と心細く電話しているところという（図２）（全く聞こえない人が電話で遠くにいる母親と早く帰ってと話している！）。一瞬聞こえないつらさ、孤立感はいかばかりかと言葉なくＢの体験世界を追体験しながら想像している筆者に、それまで視線をそらしていたＢはじっと視線を合わせ、深くうなずいた。二枚目の絵は一転して、ミルクを飲み終えて幸福感一杯のあんこ型力士のような赤ちゃんをＢは描いた。「いい気持になった。この気持のままで帰りたい」と退室した。その後、徐々に疎通性が増し、実生活に基づくやりとりが増えた。さらに自分自身や周囲への関心が増すように、自画像やセラピストと共に相互似顔絵（村瀬　二〇〇五）を描く試みの過程で、状況を意識して衣服や髪を整える、集団活動に参加し、身振りや手話で他者と交流するなどの変容が次第に増していった。

このような事実を目の当たりにして、職員間から「人はかかわり方で変わりうる」「見える行動のみでなく、背景を考えることの大切さ」という感想が多く述べられた。この経験が施設全体の空気を生気のある、そして他者を思いやるものに変えていった。

職員から相次いで個別面接希望が生じ、面接を通して入所者の行動を受けとめ、自分自身を振り返り、やがて自発的カンファレンスを開く契機となった。入所者のレジリエンスに着目しようとする傾向が職員間に生じ、それは家族会や地域社会と施設との協力・支援的つながりを増す努力へとゆっくりではあるが向かう素地になっていった。

おわりに

こころとは人が自分をどう捉えているか、人や物、ことへどうかかわるか、そこに現れているといえよう。人のこころに触れることのおそろしさを自覚し、慎重で謙虚でありたい。人にとり、自尊心は基本的に大切である。他者からの支援を受けるとき、一見それとは明らかでなくとも、こころの底深くに痛みを覚えているであろう。心理療法においては、無形の心理的なものに対する的確な理解、判断、言語的非言語的行動が主要な方法として求められており、セラピスト個人の総合的能力によるところが大きい。個別的にして多面的アプローチ、統合的心理療法にはこれが到達点というところはなく、専門的知識と同様ジェネラルアーツを豊かにすることが求められる。さらに一人称、二人称、三人称の視点、ならびに焦点と相対的視点を含む全体を同時に捉えるバランス感覚をもてるようでありたい。

文献

青木省三（二〇〇六）「あとがき」『心理臨床という営み』（滝川一廣・青木省三編）二七一―二七三頁、金剛出版
江口重幸（二〇〇九）「精神療法の歴史」『精神療法の実際』（青木省三・中川彰子編）一七―二九頁、中山書店
神田橋條治（一九八八）「入院患者に精神療法を行う医師へのオリエンテーション」『神田橋條治著作集　発想の航

跡』二六九―二八八頁、岩崎学術出版社
村上伸治（二〇〇七）『実戦 心理療法』一八七―二三三頁、日本評論社
村瀬嘉代子（一九八八）「不登校と家族病理――個別的にして多面的アプローチ」児童青年精神医学とその近接領域二九巻六号、三七四―三八九頁
Murase, K. (1990) School refusal and family pathology : A multifaceted approach. Why Children Reject School, Views from Seven Countries (ed by Chilland, C., Young, G.) . Yale University Press, New Haven, London, pp.73-97.
村瀬嘉代子（二〇〇三）『統合的心理療法の考え方』金剛出版
村瀬嘉代子（二〇〇五）『聴覚障害者への統合的アプローチ』日本評論社
村瀬嘉代子（二〇一五）『心理療法家の気づきと想像』金剛出版
中井久夫（一九八五）「精神療法とその適応を考える試み」『中井久夫著作集第二巻　治療　精神医学の経験』一一五―一二二頁、岩崎学術出版社
新保幸洋（二〇一二）「統合的心理療法の特質について」『統合的心理療法の事例研究』（新保幸洋編著、出典著者村瀬嘉代子）一三―六一頁、金剛出版
新保幸洋（二〇一六）「村瀬の統合的心理療法」精神療法四二巻二号、一七八―一八五頁
山下格（一九九七）『精神医学ハンドブック』四八―六一頁、日本評論社

心理的援助と生活を支える視点

はじめに

その昔、ルームメイトだったフランス人のミス・Dは、「花びらの沈黙は深い思いを語る」と題辞を書いて、フラワーアレンジメントの本を、帰国する私に餞別として贈ってくれた。さりげない一輪の花に慰められたり、簡素でも、あるじが心をこめて暮らしておられる様子が伝わってくるそんな部屋に招じ入れられると、ほっと安らぐ想いになる。小学校高学年の頃、大戦後の復興期ですべて品薄、新刊本も少ない頃、手当たり次第に何でも乱読していて、「文藝春秋」を興し大衆小説の神様と言われた菊池寛のエッセイの次の一節が、ふと印象深く、納得しながら思わず笑ってしまったのを今も憶えている。「夫婦げんかをした後で、論理的弁明を聞くより、おいしく入れた一杯のお茶を供されるほうが、気持が和む……」。後年、ある時期、子どものクライエントに家庭で供される食事についてさりげなくたずねることをしていた。すると、主訴はさまざまで、そのうち適応力が増して、心理的援助は終了する、というゴールは同じでも、仮に質素であれ、家庭で細やかに工夫して調理された食事をとっている子どもたちが、こころなしか良い意味での柔軟性、しなやかさを持つ方向へ育っていくようにみてとれた。生活とこころのあり方とは深く裏打ちしあっている。

一 「生活」という言葉をめぐって

さて、心理的援助を「生活」という視点で考えていくに際して、言葉の意味について少し検討してみよう。今日、「生活」という言葉から容易に連想されるのは、「QOL（生活、人生の質）」という言葉ではなかろうか。この言葉についての田中（一九九八）による解説を次に要約してみよう。生活の質とは本来経済用語であり、第二次大戦後、多くの国家がGNP（国民総生産）の増大を目標としてきた。資源やエネルギーを大量消費して経済成長を成し遂げたが国民生活のゆとりや快適さを犠牲にし、自然環境破壊など放置できない事態にいたって、国民が日々の生活の中で満足感や充足感をもって暮らせること、またその達成を保証する社会的条件をつくることを重視する方向へ、価値観の転換が求められるにいたった。〈より多く〉から〈より良く〉、という価値の転換である。日本でも一九七〇年から経済企画庁が社会指標として〈生活の質〉の指標化に取り組み始めた。生活の質を個人の意識の問題として満足感・充足感として定義する見解、個人生活を取り囲む社会的環境の問題として暮らしやすさと定義する見解、その両者を統合する見解とがあり、社会指標として用いられる場合は第三の統合する見解がとられている、のだという。

筆者は養護児童、とりわけ被虐待児の心理臨床に触れて、伝統的な心理療法も有効ではあるが、深くこころに傷を負い、しかも心理的に発達が極めて遅れている子どもたちには、日々の何気ない営みにセラピュウティックなセンスがさりげなく込められた、日々の二四時間の生活を質の良いものにすることの大切さを痛感し、その意味で生活臨床と表現した（村瀬 二〇〇一a、二〇〇二、二〇〇三）。同様の見解を西澤も生活環境を重要とする視点で述べ（西澤 二〇〇一）、同じく情緒障害児短期治療施設での経験から四方、増沢も日常生活の質を高めることによる治療的意味を指摘している（四方・増沢 二〇〇一）。なお、施設内の二四時間の生活すべてを個々の子どもの必要とすることに応えるべく、さまざまな職種のスタッフによる子どもへのかかわり方はもちろん、調度備品、食物、建物の特質、地域社会との繋がりの持ち方にいたるまでを、的確なアセスメントに基づいてこころのこもる緻密な配慮のあるものとしたベッテルハイム（Bettleheim, 1974）の実践は、貴重な先例といえよう。

一方、生活臨床という言葉は、統合失調症者の生活指導をもとに、薬物療法はもちろん、生活相談と称する支持的な精神療法、生活療法的環境療法を併用するものとして、提唱されている（臺 一九七八／臺・湯浅 一九八七）。

ここでは、こうした援助の展開のあることを参考にしながら、目前のクライエントの必要としていることにどのように効果的に、現実的に応えていくか、というスタンスに立って、生活という言葉を個人の問題としての満足感・充足感と社会的環境の暮らしやすさとを統合的に考える立場で用いていくことにする。

二 こころと生活の関連

心理的援助については当然ながら、クライエントと援助者の関係やそこで用いられる技法について考えるという視点が通常採りあげられてきた。だが、クライエントの具体的な生活を視野に入れて考えることが臨床的には欠かせない。ここで、この視点を採りあげる理由を挙げてみよう。

人のこころのあり方は、その個人の時間的流れ（時間軸、過去、現在、未来へと向かう）と空間的繋がり（空間軸、人やこと、ものとの繋がり）の交差する接点によって規定されている。したがって、あるこころの現象に焦点づけて、人を理解しようとする場合、焦点に瞳を凝らしながらも、焦点の周りの空間的そして時間的繋がりや広がりを視野に入れていることが、その焦点の特質の理解をより的確なものにする、といえよう。内面と外面、内界と外界、あるいは「今、ここに」、「今日、これから」というような表現はこれまでも心理臨床においてなされてきてはいた。これをより統合する方向で考えると、心理臨床の営みにおいて、ことに当たっての理解とそれへの対応に際しては、この時間と空間の軸を考えること、言い換えれば、全体を捉えつつ目的に沿って焦点づけた観察と思索がバランスよく行われると、より現実的で適切な援助が行える、ということである。

表層をなでるような理解や対処も不十分ではあるし、深い内面理解もそれがクライエントの人生に資する程度を増すには、この全体的統合的視点に支えられることが望ましい、と思われる。こう考えると、心理臨床の営みの中に、クライエントの生活の状況をどう捉え、対応するか、という視点の重要性が明らかになってくる。

さて、心理臨床の事例研究では、当然ではあろうが、クライエントーセラピスト関係の推移に中心がおかれ、この関係の中で生じること、あるいはこの関係の質の変容がクライエントの適応力のあり方、改善に影響をもたらしていくのだ、という視点を中心に語られてきた。だが、クライエントを中心にそこで生じていること、あるいはクライエントと繋がりを持つ大小さまざまなことをも含んで、クライエントとセラピストの内面はもちろん、そこにあるゲシュタルト、全体を観察してみると、クライエントの治癒と成長にとって、実にさまざまなことや人（必ずしも狭義の専門家ではない）が時には重要な治癒機転をもたらしていることに気づく。筆者はこれらのセラピスト以外の治療的要因の一つとして、動植物の持つ意味とそれらを心理療法の過程に活用する上での留意点を指摘したが（村瀬　一九九五、二〇〇一b）、中井（二〇〇四）は本特集でも、さらにそれ以前にも、より幅広い視点でセラピスト以外の治療的要因に注目することの意義を指摘している。

三　実体をより的確に理解するために――アセスメントの質をあげる

心理臨床で用いられる用語や技法はどちらかというと抽象度が高い。これは公共性、普遍性を持つという長所はあるが、術語に慣れて、それが内包する意味がどういうことかいきいきと思い浮かべることができるか、また、それを目前の個別のクライエントに即応して用いることが適切なのか、吟味をときに怠る陥穽がある。その言葉を使うことで、わかったような錯覚に陥っていないか自問することが要るように思われる。抽象的表現に内包されている具象を大切にしたい。あるパーソナリティを記述する用語一つでも、その言葉で特色づけられる人の生活の実際の様子をその言葉を用いながら思い描くことが要るであろう。

面接に際して、抽象度の高い、しかも価値概念に結びつきやすい用語や表現を用いることは、紋切り型で平板な答えが返ってきやすいように思われる。抱いている葛藤やこだわりをいたずらに直撃するような質問は、訊かれた相手も緊張してしまいやすい。かえって実りある情報をもたらさないのではなかろうか。何気なく生活のあり方を描き出すような質問や話題によって、結果的に家族の関係や絆の質が浮かび上がってくる、と経験的に思われる。

すぐそうだ、とわかったつもりにならないで、その表現の背景にある暮らしぶりを想像してみることも大切だ。たとえば、あるカンファレンスで、一人の自閉症の幼児について、睡眠のリズムも定まらず起床は昼近く、就寝も遅かったり早かったり、と報告された。なるほど、発達障害児は睡眠のリズムが整わない傾向はある。そして、母親の養育態度云々という定石めいたコメントが付された。だが、この幼児の場合、一家親子四人の狭い一間暮らしのところに、都会に働き場所を求めた地方の遠い縁者二人を同居させていたのである。子どもの父親と上京してきた縁者等三人は早朝出かける仕事につき、消耗の激しい労働ゆえ、熟睡が大事とまず働き手三人の睡眠と食事時間が優先されていた。子どもたちは働き手が出かけてから、布団を敷いてもらって、朝方眠りにつく、という事情がわかった。また、登校を渋りがちのある小学二年生の女児は、無気力で、たまに登校しても子どもらしい活力がなく、二時限終了時から、床にしゃがみこんだりする、と紹介状に記されていた。実のところ彼女は、反発や怒りを感じつつも親を裏切るのではと躊躇《ためら》い口を閉ざしてきていたのだが、生活にはりを失ったその母親は、一見事理常識ある発言をする人ではあったが、久しく朝起きないほか、家事を放棄していたのであった。朝食を食べていないその子は、とりわけ一時間目に体育がある日はエネルギーが切れてしまうのだ、とわかった。

一言で養護施設といっても、改築されてほどほどに快適な、子どもが相応の生活空間に生活している施設も存在している。だが残念だがすべての施設がそうではない。生活環境には開きがあるのが現状である。ある養護施設に措置されている小学生女児について、「ものぐさだ、たとえば時間割ひとつ調べようとしない、すべての教科書と勉強道具の類をいつもランドセルと手提げに入れて持ち運んでいる」と評されていた。しかし、実際の生活環境といえば、数人のしかも年齢に幅のある子どもたちの狭い部屋の共同生活では、収納スペースも限られており、彼女は他の子どもの持ち物と自分のそれらが取り紛れたりした経験から、学用品は出し入れしないことを得策としていたのである。

こういう例は枚挙に暇《いとま》がない。個人の行動傾向や問題について、それはパーソナリティの特徴によるものと因果関係づけるばかりでなく、そうならしめている事情はないかと全体状況を考えてみる必要がある。

四　生活を支えることが適応力を増す

障害そのものは解消せずとも、あるいは症状が完全に消褪せずとも、生活の仕方、生活の知恵を創意工夫することによって、クライエントの適応はより向上するという場合も少なくない。人格の中核の問題や、疾病や障害の問題部分に焦点をあてて、それを解決しようと正面から迫るばかりでなく、生活の仕方を工夫し、障害や疾病がもたらす生き難さを和らげることによって、よりよい適応が得られる契機になる場合もある。何を、どこから、どのように着手していけば現状より暮らしていきやすくなるか、というアプローチも大切だと考えられる。例を挙げてみよう。

たとえば、一応急性期を過ぎ社会復帰へ踏み出し始めた統合失調症の人々のために、進展した作業所として開設されたパン工場でのこと。どちらかといえば、統合失調症の人には朝が弱い、という人が多い。パン製造は早朝から、というのがこれまでの常識であったであろう。当初、朝出勤できないメンバーに対して、スタッフは何とか平均的な生活リズムをと躍起に早起きを求め、それがかえって一部のメンバーを追いつめる結果になり、調子を崩す契機ともなった。やがて、パンは昼から夜間にかけて売り出してもよいのだ、と活動時間を切り替えることによって、メンバーの欠席も減り、自ずとスタッフからの苦言も減って、メンバーに主体的な動きが増してきた、という例もある。また、当初は焼き上げるパンの品目はスタッフが種類別に個数を決め、かつメンバーにはどのパンも作れるようになることが期待されていた。だが、中に、特定の種類のパン作りにこだわり、それのみ作りたがるので、スタッフや仲間のメンバーとトラブルを起こすことを繰り返している一人のメンバーがいた。彼は自分は脱落者だと感じ始め、休み始めて服薬も怠りがちとなり、全体的に調子が落ちてきた。そこでスタッフは考えを切り替えて、他のメンバーに説明し、彼には「まず、○○パンのスペシャリストになろうね」と励まし、その一種類のパン作りにまずは専念することをすすめたところ、次第に彼のかたくなさが和らぎ始めるという傾向が見られるようになった。

幼い三人の子どものうち、二人がかなり重篤な自閉症と診断され、どこへ行っても状態を聞かれるばかりで、「受け止めること」を告げられても、実際に日々は重く、忙しいばかり、と相談することに期待を失っていた一人の母親が来談した。彼女は見るからに疲れ切っていて、何か皮肉な視線をこちらに向けながら、「たとえば、朝、洗濯を終えても、屋上の洗濯物干場に行く暇さえない、多動な子どもたち、特に第三子の女児に振り回されている……」と語った。

「そのお子さんを負ぶい紐でおんぶして、洗濯物を干すのはいかがでしょう、家族五人分なら、あまり完璧に皺を伸ばそうなどしなければ、一〇分くらいで干せないでしょうか、はじめはおんぶしても、背中に添わないような感じがされてたぶんご苦労でしょうけど、お母さんの背中の感触はきっと子どもさんにもプラスになることがあるはず……」と筆者は応えた。母親の視線はふと穏やかになり、「帰宅したらやってみます、これまでは夫に子どもたちを病院や相談機関へ連れて行ってもらっていましたが、私自身が通ってきます」と言われた。それから、子ども服を着脱容易に改造し、子どもが自分で服を脱ぎ着できるようになるための工夫、偏食を改めていく調理方法の工夫……など、行動上の問題があっても、少しでも生活しやすい、日々の家族の緊張が和らぐ工夫を、いわゆる自閉症の子どもの発達を促すようなかかわり方の工夫に加えて話し合っていった。後年、「先生にはじめて会ったときは、物静かで山の手風。ああ、これまでと同じような『いかがですか』ときいている、可もなく不可もなくまあ頼りにならない感じ、と思ったが、意外にもおや、と耳を傾けさせられる具体的で役立ちそうな、やってみようということを提案する人だった、それなら、と自分が通い始めたが、毎回、現実に何かしら役立つことがあって、それで何年も続いてきている……」と笑いながらその母親は述懐された。

長らく自室に引きこもり、食事も部屋の前のお盆に載せられたのを人気のないのを見計らって部屋に引き入れて食べる、姿を見せようとせず、ドア越しの母親の話しかけにも応答しないという学齢は中学生の長男を案じた母親が、遠隔地から来談された。夫は自死、一人っ子の長男は二年近い引きこもり、家族の生活が崩れてきたのは自分の無力不甲斐なさによる、自分の人生は虚ろ、失敗と繰り返された。毎日食事を運ぶことだけでも大きな仕事と素直に感じ入り、気持を伝えられることなく夫に遺された胸中をそっと思い描いた……。しばらく沈黙の時が流れた。母親は少し自分が赦されるような気持がたった今すると語った。「何を考えているの、学校はどうするの、先のことは……」。それは当然の質問だが、それはその子の口を開いた傷に触れることかもしれない、人はまず生きてあることが大切、今の生が大切、と存在の安全保証感を抱けるようなメッセージをその子に贈れたら……、と提案した。母親は「今日は抜けるような青空で、遠くの山の稜線が常にもましてくっきり見えた」、あるいは「久しぶりの雨で、疲れて見えた木々の緑が心なしか蘇ったように見える」、「雀が軒先で休んでいた」、「近所のパン屋のおばあさんが小康状態を取り戻して退院された」、などなど、何気ない日々の出来事、だがそこには慎ましくも生きることを享受している、そんなメッセージをたんたんと記して、食事のお盆に添えるようにした。とある日、少年はドアを開け、背中まで伸びた髪を切ってほしい、と母親に頼んだ。ほんの少しずつだが、少年もメモ書きに気持を書き記し、空になった食器に添え始め、次第に母親とのコミュニケーションがよみがえり、やがて現実的な課題を話題にするようになった。

並木（村瀬・並木 二〇〇四）は重複聴覚障害者の施設での心理的援助場面で、入所者である自閉症のある青年が自閉症の中核症状も重く、コミュニケーションの手段として、手話も指文字も、もちろん書き言葉も使用できず、終日、仲間の入所者と離れて一人床に転がり、常同行為にふけるか、激しく興奮することを繰り返している、ほとんど無為のうちに、周囲からも諦められた存在になっていることに着目した。数を知らない分はシールと照合することで一〇枚ずつチラシを束ねることが可能になるよう、その他色々、彼のペースで作業に参加できるようかかわりを工夫した。また、調理の流れの中で、彼が食材をこねることや、型に添って野菜を切れるようにした。こういう施設生活の中に能率はともかく参加できるような配慮をいくつも凝らすことにより、次第に彼の方から歩み寄る気配が生まれ、手話を憶え始めたり、入所者の仲間と一緒の行動を楽しむ動きが生まれ、行動にまとまりが生まれてきたのである。

五　生活を支えることが心理的援助になるために――むすびにかえて

何気なく流されて過ごす日常ではなく、生活が自然なさりげない治癒と成長をもたらすための要因は何であろうか。援助者にどのようなことが求められるのであろうか。「共に生きる」「共に行動する」とはこれまでも謳われてきたことである。ただ、援助者がよかれと方向性を決めて、クライエントに操作的に向かうことではあるまい。

まず、援助者は、人は生きてあること自体が意味あることだ、と人を人として遇する姿勢を基底に持ちたい。ついで、何気ない小さいことをも見落とさず事象を的確に観察すること、観察事実の背景や細部に潜む意味について考えること、そして、現実的に意味のありそうな着手できるところと、どのように着手するのか具体的方法を創出することが求められる。そして、目指す方向については、援助者が一方的に定めるのではなく、できるだけクライエントのニーズを確かめて双方向性のあるように進めたい。そして、援助者はこういう営みの過程に参与できることに素直に意味を感じ、自己完結性にこだわらず、ケルンの石をそっと積むくらいの姿勢が望ましい。援助者自身が自分の生や生活を静かに享受している人でありたい。

文献

Bettleheim B (1974) A Home for the Heart. Alfred A Knopf.
臺弘＝編（一九七八）『分裂病の生活臨床』創造出版
臺弘、湯浅修一＝編（一九八七）『続・分裂病の生活臨床』創造出版
村瀬嘉代子（一九九五）「心理療法と自然」『子どもと大人の心の架け橋』金剛出版（新訂増補版、二〇〇九）
村瀬嘉代子（二〇〇一ａ）「児童虐待への臨床心理学的援助」臨床心理学一巻六号、七一一－七一七頁
村瀬嘉代子（二〇〇一ｂ）「心理療法と自然――子どもの心理療法に登場する動物の意味」『子どもと家族への統合的心理療法』金剛出版
村瀬嘉代子＝監修（二〇〇二）『子どもの福祉とこころ』新曜社
村瀬嘉代子（二〇〇三）「被虐待児への理解と対応」子どもの虹日本虐待・思春期問題情報研修センター紀要 創刊号二四－三七頁
村瀬嘉代子・並木桂（二〇〇四）日本学術振興会科学研究費報告書（基盤研究Ｃ）課題番号13610615――重複聴覚障害者への心理的援助の理論と実践

中井久夫（二〇〇四）「生活空間と精神健康」臨床心理学、四巻二号、二一八－二二三頁
西澤哲（二〇〇一）「子どもの虐待への心理的援助の課題と展開」臨床心理学、一巻六号、七三六－七四四頁
田中恒子（一九九八）「生活の質」『世界大百科事典』平凡社
四方耀子・増沢高（二〇〇一）「育ち治りを援助する」臨床心理学、一巻六号、七五一－七五二頁

心理臨床における判断

はじめに

判断は人生の過程のあらゆる局面になされ、人の言動は意識的無意識的の如何を問わず判断と連動して生じている。判断の対象はシンプルな要素で成り立つものから、多次元の要因が複雑に絡み合う場合、つまりさまざまな角度から考え合わせて決論を導き出さねばならない場合までその難易度の幅は大きい。カタログ販売の小物が手元に届いて、期待外れでも笑って済むというレベルのことから、開戦の決断などという国や人の存在を根幹から脅かす重大なものまでその軽重の幅は広い。判断の質の良否は人の生にとって極めて切実な問題である。ここでは心理臨床における判断の持つ特質、その意味と機能について考え、それが質のよいものに成長する、ひいては成長しつづける要因について考察する。

一　心理臨床における判断

心理臨床における判断とは、人が生きる上で抱く生きにくさ、心理的問題に対して、その問題の性質、由来を理解し、それに対し、どこからいかにして少しでも生きやすくなるかを心理学の理論や技法を応用して、その軽減、解決を目指して為される支援的行為とその効果を検討する営みである。ただ、心理臨床において、対象とする問題は非常に幅広く、しかも多次元の要素が輻輳して生じているものがほとんどといって過言ではない。そうした問題について、見立てをし、それに基づいて支援を展開していく過程は本来極めて個別的なものである。さらに心理的問題は、その背景に生物・器質的要因が社会的環境要因の影響を受けて生じているので、アセスメントを行うには、多層に亘る要因を俯瞰して捉える視点と当面最も問題とされている焦点となる現象とを同時に併せ捉える、換言すれば全体と焦点を的確に関連づけて理解する力が判断の質に大きく影響する。

心理臨床において、判断が生じる過程はまず、クライエントその人や諸々の資料に対し緻密に気づくこと、次いで気づいたことに関連ある知見を総動員して気づいた内容がどういうものかを捉えること、さらに、既知の知見のみで気づいた内容をすべてわかったつもりにならず、わからない部分は疑問として抱え、気づきとさまざまな知見との照合を重ねて、クライエントやその背景についての理解をより確かなものへと進めていく。これが心理臨床における判断の過程の実体であろう。この判断過程では、臨床心理学の知見のみならず、近接領域の幅広い的確な知見やジェネラルアーツをバランス良く活かしていかねばならない。

さて、判断がなされるに際して、さまざまな知見をどのように活かすか、その用い方の基準、手懸かりは何かについて考えてみると、心理臨床においては、セラピストが自分自身の内にさまざまな研鑽、経験を通して会得し纏め上げた判断基準に拠っている。

二　判断の構成要素

さて、平素無事の日々を生きているとき、人々は法の存在、さらに言えば法治国家では生存の基盤が法によって支えられ、かつ規定されて社会秩序が維持されていることをさほど意識しないが、一度何らかの行き暮れた状況に出会うと、その解決に法の存在と機能が大きな力を持って国民生活の安全を基底で支えていることに気づく。廣瀬（二〇一六）をお読みいただくと、司法においては、社会秩序と公正さを担保するために、判断が法律に則っていかに緻密かつ厳正な手続きのもとになされるかについて、非常にわかりやすく明確に述べられている。なお、判断者には高い専門性が要求され、判断の資料を明らかにし、判断法則を規制し、第三者による判断資料・判断過程の検証を可能とし、再審査を保証しているというのも、事案の真実、真相の発見・追求を大切に考えるからである。司法における判断の特質は、心理臨床における判断の質的向上を考えるうえで示唆深いと考えられる。

次いで、実業（経済）界における判断の形成過程、並びに判断結果の対応についての大塚（二〇一六）の論考も、現実の厳しさとそれへの直面並びに対応のなされ方が述べられていて、心理臨床における判断の特質と比較して考える示唆を多く含んでいる。企業が利益を生み、雇用者やその家族の生活の幸せを保証し、さらにその経済活動が活性を保つことはひいては社会貢献の一形態であって、それが人々の精神保健にもプラスの影響をもたらすのは事実である。ただし大塚論文では、経済活動においては見事な言辞を弄するより結果を生み出す判断が至上の価値がある、と率直簡潔に述べられており、これは現実であろう。リーマンショックの時代背景を想起すると、あの状況でこの結果を生んだ判断の質はなかなかのものでその意味は大きい。実体経済とは別にあたかもそれ自体が意思を持つかのように世界経済と連動している金融経済を対象に下す判断は、心理臨床のそれのごとく判断を形成する人に、いわゆる臨床家に求められるような特質とは異なる専門性、テクノロジーが必要とされるのが事実である。

三　心理臨床の判断の特質

上述したように他領域の判断に比較して考えると、心理臨床におけるそれは次のような特質を持っている。司法における判断は法曹という専門家が法という強制力をもついわば絶対的なスタンダードに依拠してなされることや、実業界では経済的にプラスの結果をもたらす判断（もちろん、副次的にさまざまな結果を同時併行的に期待されてはいるが）がまず求められるのとは異なり、心理臨床の判断では、判断を生み出すために生物・心理・社会モデルに基づく心理学や関係諸領域からもたらされる専門知識と技法、そして判断をなす心理臨床家の専門性と人間性が意味を持つ。技法のなかには科学性や公共性を担保するべく標準化やその他資料の解釈過程でいろいろ工夫がこらされたりはしているが、それらは判断のための重要な準拠枠ではあっても、司法における法のような絶対的スタンダードとは言えないであろう。すなわち、無形の心理的なものに対する的確な理解、言語的・行動的反応を主要なコミュニケーション手段としてなされる心理臨床の判断は、心理臨床家の個人的能力に負うところが大きい。これを心理臨床家はしかと自覚していることが肝要である。

四　心理臨床における判断力の熟達

これまで述べたように心理臨床家にとって判断力の熟達は切実な課題である。岩壁（二〇一六）は、海外の文献を引用しつつ臨床判断の熟達過程の特徴やそれを促す要因につき述べている。内容は重複するところもあるが、心理臨床家の熟達を促す要因についての他の日本の研究にも示唆深い要因が見いだされている。

新保（二〇〇二、二〇〇四）は、五群（Ⅰ群：大学院生群、Ⅱ群：初任者群（就職後五年）、Ⅲ群：中堅者Ⅰ群（就職後六〜一一年）、Ⅳ群：中堅者Ⅱ群（就職後一二〜一七年）、Ⅴ群：熟達者群（就職後一七年以上））の心理臨床家に初回面接場面のビデオを視聴して、見立て、いわゆるアセスメントと支援方針を立ててもらうという調査研究を行い、それぞれの群、換言すれば熟達過程の各々における特徴を明らかにし、そこから熟達を促す要因を見いだしている。ことに大学院生時に幅広い臨床経験が望まれること、それを理論とリンクして考えるよい意味での帰納的態度の育成、ならびに臨床の場やチームに滑らかに参入できる姿勢の会得の必須性を指摘している。Ⅱ群の頃に総合的な臨床能力の伸び率が大きく、この時期の過ごし方が将来の成長の仕方に影響が大きい大切な時期であり、中堅期になると次第に本質に気づくのが早まりながら全体をバランス良く見落としなく捉える方向へ伸びていく様相が明らかにされている。Ⅴ群の熟達者群では臨床判断のスピードの高速化、思考の無駄が省かれ、メタファーをはじめ言葉の適切巧みな使用によって、簡潔な表現の中に公共性がありかつ大切な情報を的確に伝達しうるようになり、事柄の焦点が全体像のなかにバランス良く捉えられていく。そして、この熟達者の段階に至るには単なる経験年数の蓄積では不十分で、個別化された学び（学習・研修会、スーパーヴァイジーに焦点をしっかり当てたスーパーヴィジョン、心理臨床家自身が自分の臨床経験を省察するなど）が必要であると指摘している。さらに、経験年数が増えるにつれて、心理臨床家としての自己の特質と限界を知り、それらを受け入れつつ、その限界を補う方法を考えること、マンネリ化を排し、新しいものへ挑戦し、創造性、チャレンジ精神を活性化させて保つことの必要性が指摘されている。

割澤（二〇一五）は、初心者の頃の学習経験の意味と望ましい経験について明らかにしようと大学院生を中心とする心理臨床の初心者の数年間の成長過程について質的追跡研究を行い、次のような決論を導き出している。心理臨床の専門家として質の良い成長を遂げるにはカリキュラムや学習環境（実習環境も重要）の充実も必要だが、それらと同時に、理論的ならびに実践的学習の両者を適切に統合していけるような支援が必要であることが明らかにされている。すなわち、教育者もしくは指導者は何を重点的に教えるべきかという固定的姿勢のみでなく、時と状況、被指導者の状態に即応して柔軟に教授し指導すること、被指導者の主体性を損なわずに被指導者が自分の営為を省察することを基本として、自ら気づき納得しながらレベルが向上していくような指導・教育が望まれること、被指導者は自分の営為を相対化した視点で捉える姿勢を基本に持ち、自分の経験をもとに帰納的に考える姿勢を持つことが述べられている。まさにこれは理論学習、実践学習両場面に必要なことであり、このような教育・育成が実践されてこそ、カリキュラムの内容に息吹が通うということであろう。

五　バランス感覚ある的確な判断力の会得を目指して

繰り返しになるが、臨床心理学はじめ関連ある領域のさまざまな知見は、臨床心理学の判断に際して、それに拠って立てば十分とは必ずしも言い切れるものではない。心理臨床家自身一人ひとりがこのことを自覚して、いかに最適、的確な判断をなしうるか、常に自問していくことがまず基本である。昨日このレベルまで到達したと思っても、それは不変ではない。これで十分という到達点はなく、常に研鑽と自己陶冶が求められている。昨日までの蓄積の上に今日の安逸が許されるわけではない。だが、わずかでも変容成長しようという姿勢は、世の不条理を痛感させられる極めて不遇な条件下の生を重ねてこられた、それでも変容を必要としているクライエントが「自分とはいろいろな意味で違いが大きいセラピストだが、自分を成長させたいと願い努力しているところは自分と共通している……」と思うとき、そこで関係の緒が生じるのではあるまいか。

自明の内容であるが、心理臨床における判断が質の良いものになる要因を挙げてみよう（村瀬二〇一五）。

①判断する心理臨床家が、自分自身のスタンスについての自覚を持つ。時・所・位を確かに認識している。（例：時の要因＝時代、クライエントのライフサイクル上の位置、セラピストのライフサイクル上の位置、緊急かどれくらいの余裕があるか／所の要因＝自分の所属している場の特質、役割や機能など／位の要因＝自分は所属機関のなかでどういう位置づけにいるのか、自分の判断、裁量の責任は？）

②心理臨床における判断は基本的に協働作業の所産であり、クライエントをはじめ、関係者との関係が大切である。援助を受けざるをえない人の苦しみ、哀しみ、怒り、無念などを想像し、基本的に人を人として遇する。

③用いる技法はあくまでもクライエントのニーズに沿うものであり、心理臨床家のそれではない。

④心理臨床家の視点のみでなく、クライエントは自分が受けている心理支援をどう体験しているかを考えながら進める。

⑤心理臨床家－クライエント関係のなかで生起し表現される事象ばかりでなく、クライエントの生活や全体状況を考えている。

⑥心理臨床における見立て（判断）はおおむね仮説である。常に修正し、より的確な方向へと検討を継続し、精度の高いものへ、クライエントと確かめ合うことも大切である。

⑧クライエントとの関係は大切だが、一人称、二人称、三人称の距離感をバランス良く保ち、常に自分の営為と全体状況を相対的視点で捉えている。

⑨判断を精度の質の高いものにしていくには、心理臨床家は自分がほどよい中庸を得たバランス感覚を維持しているか自己点検を怠らない。

⑩自分の判断が適正であるかについて、状況の性質に注意を払いつつ、その局面に相応しい人・場で相談して参考意見を求める。

⑪この一連の過程において、心理臨床家は過剰な操作的態度、指導的姿勢に陥らないように。しかし、これは漫然とした受け身的姿勢ではない。

⑫専門領域の知見ばかりでなく、平素からこころを込めた生活を送り、かつジェネラルアーツを豊かに増すように努める。

⑬基本的には帰納的態度で臨む。特定の理論や方法に合致する内容を目前の現象から切り取って足れりとはしない。

⑭わかること、わからないことを誠実に見極めながら観察、思考を進める。わからないことを大切に抱

えそれについて調べ、相談することで新たな気づき、理解が生じ、それは判断の質を向上させる。

心理臨床とは人の生き方、ひいては人の内面、時には秘匿性に触れることもある営みである。法曹のように確固とした準拠枠を持たない（心理臨床においても、さまざまな思索・手続きを経て生み出された種々の基準はあるが）心理臨床家は判断を為すにあたって、畏れと謙虚さを常に持ち、緻密な気づきと根拠のある良質の想像、思考の質を上げるための専門知識ならびにジェネラルアーツを増し、磨く努力を継続しなければならない。権威付けされた護りの代わりに、相手と真の信頼関係をどれだけ作ることができるか、自分自身の在り方、正直に自分を相対化して省察することが常に問われていることを銘記したい。

文献

廣瀬健二（二〇一六）「司法と判断」臨床心理学、一六巻三号、二七〇－二七四頁
岩壁茂（二〇一六）「臨床的判断の鍛え方」臨床心理学、一六巻三号、二六五－二六九頁
村瀬嘉代子（二〇一五）『心理療法家の気づきと想像』金剛出版
大塚聡（二〇一六）「リーダーシップと判断」臨床心理学、一六巻三号、三二八－三二九頁
新保幸洋（二〇〇二）「カウンセラーの心理アセスメント能力の発達過程に関する研究」大正大学大学院文学研究科臨床心理学専攻課程博士学位論文
新保幸洋（二〇〇四）「カウンセラーのアセスメント能力の発達過程に関する研究」大正大学大学院研究論集、二八、二五六－二四四頁
割澤靖子（二〇一五）「心理援助専門職の初学者の学習と発展に関する研究」東京大学大学院教育学研究科博士論文（『心理援助職の成長過程―ためらいの成熟論』（二〇一七）金剛出版）

心理療法と支援
――回復する力の在り処としての子ども時代――

はじめに

この演題は、第三四回日本森田療法学会水野雅文会長から戴いた。宿題を解くような心持ちで標題について考えているとき、私の考え方は表現は違うけれど、森田療法のそれと少なからず通底するように思われた。心理療法が被支援者に真に支援として受けとられるための要因とは何か、人が精神的生き難さから回復するには、心理的支援に際してどういう留意が必要とされるのか。さらに、その生き難さから回復する要因の一つとして、子ども時代の意味ある体験を想起し、子ども時代を生き直す、いわば生きられた時間を経験することの意味について考察を試みる。

一　心理（精神）療法の基本

心理療法という言葉から、認知行動療法、精神分析、あるいは日本で生まれた森田療法など独自に体系化された理論と技法、つまり狭義の精神療法が想起されがちである。だが中井（一九八五）は狭義の精神療法の基盤には広義の精神療法が必須であると説き、「広義の精神療法は、治療者の一挙一動に始まり、治療的含蓄を、治療者が理解することが出発点である（後略）」と述べている。表現は異なるが同様の内容を山下（一九九六）、神田橋（二〇〇七）、村上（二〇〇七）、土居（一九七七）らも述べ、青木（二〇〇六）は「広い意味で、精神療法とは患者と出会った時から始まり、別れるまで続くものである。人を人として遇するという姿勢でもあり、苦悩や困難を抱きながら生きる人への畏敬の念、精神科臨床に広く浸透しているもの……（後略）」と述べている。

それぞれの心理療法の理論は当然ながら個別的特質と固有の意味を持つ。しかし、心理療法の理論とは日常生活の中で生きやすくなる、或いは精神的に成長変容するために自然に用いられ積み重ねられてきた生きる上での技の中から性質の似通ったものを集め体系化、洗練させたものと考えられ、滝川（一九九八）も同様に述べている。たとえば、子育てで子どもに生活習慣の自律を会得させていく過程などは行動療法の原理が多く含まれている。他の理論や技法についてもこういう例は枚挙に暇がない。

したがって、心理療法の施行に際しては、生活を視野に入れることが必要であり、またそうすることによって、支援の対象者も幅広くなり、非常に重篤なクライエントにもなんらかの支援が可能になる。心理的支援に際してはは次のような留意が望ましい。

（1）セラピストはよき帰納法的態度を持つ。事実をよく観察し、理解してからそれに相応しい理論や技法を適用する姿勢を基本とする。

（2）支援の展開に連動するように的確なアセスメント（生物・心理・社会モデルに基づく）を行う。

（3）支援過程の変化（被支援者の変容）に即応した柔軟な技法の適用が望ましい。

（4）セラピストはバランス感覚を持ち、被支援者、換言すれば当事者に支援が適切なものとして受けとられているか、支援プロセスは目的に適った方向で進展しているかについて全体状況を相対化した視点で捉えている。

（5）被支援者や支援チームのメンバーとよい信頼関係を持つには、被支援者にかかわるに際して、次の三つのスタンスを併せ持つことが望まれる。一人称（相手が自分自身をどう捉えているか、自分を取り巻く世界をどう認知しているか追体験する）、二人称（自分や世界をそのように受けとっているあなたは……、と追体験よりも関係性はありつつ相対化して適切な距離感を持って話しかけるような感覚）、三人称（客観的に対象化して理解しようとする、事実を客観的に記述するスタンス）。

（6）アセスメントは、支援が終了するまでは仮説であり、支援過程の進行につれて新たな事実が明らかになったり、被支援者の変容によって変化することを念頭に置き、類型化した理解を早々に行って、それでこと足れりとしない。セラピストは不確定な状況に耐えることが求められる。

二　回復力（レジリエンス）の在りどころとしての子ども時代

弾力性、回復力を意味する resilience（レジリエンス）は明らかにストレスフルな経験や脅威的な状況におかれても、ポジティヴな適応をもたらしたり、精神的健康を維持できる能力や特性を意味するとして、心理支援過程において近年とみに注目されるようになった。この言葉は、人が侵襲をうける辛い受動状態、理不尽な局面で、これを乗り越え、新たな主体性を生み出す能動的な過程を指しており、防御因子と回復の力動過程の意味を併せ含んでいる。防御因子には生物学的次元とパーソナリティの次元からなる個人特性、さらに家族、社会などの集団特性のものが含まれている。

人がこころ傷ついたり、病んだ場合、狭義の専門的治療に加えて、さまざまな人やことの出会いを重ねることにより、治癒・変容が促されることが目指されている。これらのさまざまな経験がその当事者に意味あるものとして受けとられ、治癒に向かう展開が生じるための要因の一つに、「自分」という主体としての意識的・無意識的感覚を取り戻すことが挙げられる。これには本人にとり、こころの糧となるものに気づく、あるいはそれを見いだすことが必要であろう。多くの先人による文献、報告や筆者の臨床経験では、こころの糧となりうるものやことはその個人の子ども時代と多くの場合関連を持っている、ないしはその子ども時代に根ざすものであると考えられる。それでは子ども時代の特質とは何であろうか。

三　子ども時代とは

「子ども」という表現は日常語と見做されていた感もあるが、第四一回日本児童青年精神医学会で清水將之大会長が会長講演（二〇〇一）や著書で「子ども」（二〇〇一）という表現を取り上げられたのを契機に学術用語として定着したように思われる。「子ども」という言葉の内包するものは広いがここでは次の三つの意味を主に指し、文脈に応じてその重点が多少異なることをお断りしたい。

（1）ライフサイクル上で乳幼児から青年期までを総称し、生理的、心理的、社会的に成長途上にある時期である。

（2）人は誰でも親子関係という関係性の視点から、「子ども」という位置関係を終生、一生涯持ち続ける。親をこころの中でどう受けとめているかがその個人のあり方に強く影響することになる。親子関係の中の子どもとしての自分をどう捉えるかがその個人のアイデンティティ形成に生涯を通して影響を及ぼす所以である。

（3）こころの全体性という視点から、人のこころの底に生涯を通して、生き続けることが期待される健康な精神の特質として、「子どもらしさ（childlikeness）」をシンガー（Singer E）（一九七〇）は指摘している。これはいわゆる未成熟さをさす子どもっぽさとは似て非なるもので、健康な子どもが持つ特質、すなわち、いろいろなことに開かれた態度で活き活きと注意を向ける能力、驚く能力、不確定な状況に耐える能力をさす。

つまり、子どもであることは次のような多面的で豊かな特質があるといえよう。人は誰もかつて子どもであったこと、そして終生位置関係において誰かの子どもであるという事実、また、本来精神的に健康な子どもはさまざまなことに開かれた態度で注意を向ける能力、よき好奇心を持って、驚く能力（感動するという意味も含まれる）を持っていること、将来が確定して約束されないのに不確定な状況に前述のような特質を持って耐える能力を持つ。

被支援者は生き難さに捕らわれていて、子ども時代のかりそめにも生きる楽しさ、歓びを味わった生きられた時間の感覚を取り戻すことは難しい。支援と被支援者の間にコミュニケーションの緒が生じて繋がりあうこと、わずかでも分かちあう契機はどうしたら生まれるであろうか。

四　治癒、変容の生じる契機とクライエントに支援が支援として体験される機序

まず、被支援者に安堵感を贈る、少なくとも、状況やこの支援者は自分にとり侵襲的ではない、という安堵感を贈ることが前提になる。そして、ひとまず伝えられたことは素直にそうなのかと受けとる基本姿勢をもとにしながら、視覚聴覚はもちろん他の感覚、時には visceral（内臓感覚、直感に近い……）な感覚をも働かせて、被支援者の体験世界を追体験する、分かちあうような姿勢を持って被支援者に出会う。同時に被支援者をよく観察し、そして聴き入るという、状況を相対的、客観的に捉える姿勢をも合わせ求められる。

被支援者の表情、仕草、装い、全体的に伝わってくる空気感などを受けとり、それにまつわる背景の生活の様子、人間関係、これまでの生きてきた道のりなどについて、今知り得ている素材にまつわる支援者の知識、経験を瞬時に総動員して想像を巡らし描き出すのである（仮説であるが）。

被支援者が今まさに何をどう感じ考えているのであろうかと、自分の半身は相手に身を添わせつつ、半身は客観的に全体状況を俯瞰して、今行っている営為が支援の目的に添っているかを客観的に考えているという、一見矛盾した行為を同時並行に行うことが求められる。学派の違いはあれ、多くの心理療法に通底しているのは被支援者についての観察事実をいかに的確なものにするか、それに基づく支援方針や技法の選択について検討し、支援過程の進行につれて、アセメントをその都度いかに適切に行うか、被支援者の変容に即応した適切な援助法を吟味し適用していくかということが主題であるといえよう。

支援者の基本姿勢としては、いわゆる支持的であることを基盤とし、その上で、クライエントの気持を汲む、そこで被支援者との間に相互関係の萌芽が生じ、この関係の中で被支援者は抱いてきた孤立無援感

や基本的不信感を緩め、そこから洞察と自分の存在を捉え直し、生きる希望を抱くという動きが生じるとこれまでの臨床経験から考えられる。このプロセスにおいては、この心理的支援が被支援者にとって意味のある有益なものとして受けとられているのか、効果があるのかという検討を支援者は常に行っていなければならない。

支援者、被支援者の相互関係の過程において、支援者の内的体験がどのように立ち現れるのか、さらにそれはどのように展開し、被支援者に影響を及ぼしていくのか、この過程を被支援者はどのように受けとり、それが変容へといかに連動していくかについて、次に具体的に事例を挙げて検討してみよう。

（事例は本質を損なわないように配慮して、改変されている）

五　視覚並びに聴覚障害を併せ持つKさんとの出会い、気づきの生成する瞬間

その当時六〇歳代のKさんは先天性の聴覚障害に加え、一〇代後半より進行性の眼疾に罹病し、二一歳時視力を失う。農家できょうだい四人の内健常者は一人、きょうだいはそれぞれ施設入所中。父母とは一〇代前半で死別。本人は失明するまでは、障害者枠で就労の経験もある。失明後は各種の施設を転々とし、その間の経緯などについての記録はない。本人自身は聞こえないが、かつて会得した口話法を用いて話し、相手からは掌に書かれる平仮名に頼ってコミュニケーションをとる。身辺の片付けその他、ことにあたっては誠実、几帳面で、本来の知的素質は低くないのではと嘱託医や職員から考えられていた。作業にも積極的だが、常に苛立ち、自殺を試みる行為などがみられるようになり、施設内にオンブズマン制度発足を知って、私との面接を自ら希望された。

苦しそうで、何かを求めるという必死の表情。「記憶している話し言葉を使うが気持が高ぶると大声で抑揚もヘンになる、自分では聞こえずわからないが遠慮せず注意して」と。「自分は役たたずの人間、人手を頼らなければ生きていけない、年をとり恥ずかしい。死を考える、だがこの身体では自殺もうまくできない、失敗を重ねた」。そして「価値のない人間」と繰り返される。さらに声を大きくして「自分の障害は罰が当たったのではないか」。

「存在自体が罪ではないかと思うと苦しい」と繰り返される。私は「障害は本人の責任ではない」「存在自体が罪であるはずがない」と心持ち力を込めてKさんの掌に綴る。「ホントにそう思うの！」「ほんとう！」淡い微笑がKさんの頬に浮かぶ。

面接を縫製所でしていたが、ふと立って「私の仕事を見て」定規をあてて、ミシンをかけ、麻の葉模様がふきんにきれいに描かれているのにびっくり。手探りでミシン掛けするところを実演して見せてくださる。他の晴眼者《せいがんしゃ》はきっときれいな縫製をしているに違いないと自己卑下を繰り返される。

「きれいなりっぱな出来栄え。これは高価な注文服の縫製をしている人の仕事の価値に匹敵するくらい立派なお仕事と思う」と手のひらに綴ると照れながら嬉しそうな笑顔になり、声が柔らかく穏やかなトーンになる。

「役立たずの自分だと恥じてきたので、思うことを言葉にしたことなかった、職員も忙しく気の毒だし……。親族にも期待してはいけないと考えてきた（ご自身の障害者年金は大方親族へあげていらした）」急に過去を回想される。（農家の生まれ、貧しく聞こえないが幼い時から家事手伝いをした。母親は働きづめで八歳時に病死した……）。

声が一段と高くなった。「たった今、母と一緒の想い出が浮かんだ……。小学一年の時、母親と手をつなぎ田舎道を耳鼻科へ受診するため歩いている。母親は耳鼻科へ行けば私の耳が治るのではと……。母親の手は暖かい……。懐かしい……」。聴き入るうちに臨場感をもって遥か以前のある鄙《ひな》びた状況が思い浮かんだ。路肩に草の生えた田舎の道を語りかけても聞こえない子どもの手をしっかり繋ぎながら、町の耳鼻科医院へ歩く母親の胸中に交錯する、もしやと言う希望！といえそれは……、という諦め……。それは皮膚感覚を伴う鮮明なイメージであった。名状しがたい気持で、私の中には母親とKさんの内に去来したであろう思いが想像された。文字を綴るためにKさんの手を握っていた私の手に識らずに力が入った。想像の世界で私の半身は母親の傍らに、そして半身は子どものKさんの傍らにある一体感に似た感覚であり、さらに残りの半身はそういう自分を見つめ、全体状況を観ているような一瞬が流れた……。この状況の中にあって、Kさんの内に生じているであろう感情や思いを推測しながら、私の内に生起しつつある感覚、観念をそのままに素直に受けとっている短くはあるが複合した体験時間が流れた。

突如、Kさんは晴れやかな笑顔になり、言った。「母親は一所懸命だったのです。貧しい中からお金を工面して、病院へ連れて行ってくれたのです。大変だったと思います。思い出しました。畑仕事や掃除、洗濯を手伝いました。そういえば、母親が喜んでくれたことを思い出した。こんなことずっと忘れて、役立たずとばかり自分を情けなく思ってきたのに……。私はいてよい人間ですね！　ああ、私にはこれからすることがある、感謝すること、この私が生きていられることについて感謝すること。一杯一杯感謝して生きます……」。私は言葉がなく彼女の掌に自分のそれをしっかり重ね合わせた。Kさんは力を込めて、私の手と握手した。

その後、Kさんは不本意なことがあっても、至らない相手を思い遣るような言動をされて気分を崩されなくなり、自分で気持のバランスを取り戻そうとされるようになったと報告を受けるようになった。廊下などで出会う時、近づいてKさんの掌に挨拶しようと「む……」と書くやいなや、「村瀬さん」と表情が和まれる。

六　居場所を見いだし、心理的再生の契機をつかんだD氏

ある施設長からの依頼。「身寄りなく住所不定、聴覚障害を持ち保護観察中のD氏を立ち直るように格別の配慮をもって対応するという条件付きで入所を受け入れた、今後について相談したい。他の入所者たちは重複した障害を持ち、さまざまな意味でリソースが乏しい人たちばかり。何から着手し、どうかかわるか難しい。今後の対応について参考意見を聴きたい」。

施設を訪れた。建物は古びて質素だが入所者は各自個室に暮らし、食堂で朝と夕、食事を共にし、日中、重篤な状態の人は自由時間として過ごし、中には作業所や就労通勤の人もいる。ここが自分の生活する場所、ここは自分を待っていてくれたのだとD氏がまず思えるように、限られた状況の中での工夫を提案した。経歴についての留意点は職員には告げるが詳細な事情は責任者と担当者に留めておこうと。慎重に注意深くはあるが、予断にとらわれず、気持を新たに新しい仲間として対しようと所長は決心された。

この際、入所者も気持をリフレッシュできる、年末ではないが大掃除をしよう、無理ない程度で食堂のテーブル掛けを新調しよう、壁には技術の巧拙にとらわれず、入所者の合作の絵を飾ったら如何かと提案した。画材など久しく触れたこともない、絵など描いたことはない、と言う入所者たちは「世界に一枚しか無い皆さんそれぞれの貴重な作品」と手話、身振り、あるいは語りかけて私も一緒に制作に参加した。

最初はおずおずと、しかし、紙の上に描出されていく絵に入所者たちは引きいれられるように関心を持

ち始め、心なしか晴れやかな表情で、仕上がった作品を食堂の壁に飾った。新しくなったテーブルクロス、壁を飾る入所者の作品、磨かれたガラス窓、何かしらほっとする、大切にして暮らしている場所という雰囲気がほのかに生まれた。さらに、入所者たちから、絵を描く活動の継続希望が生まれ、夕食後、三々五々出入り自由の制作活動時間が持たれるようになった。麻痺で道具をうまく扱えない入所者を助けたり、制作について感想やヒントを述べあうやり取りがうまれ、時には職員や所長も加わって、夕食後の和やかな一時が生まれた。

そういう空気の生じた施設へD氏は特別視されることもなく一員となった。ただ、制作の時間は一人皆と離れて部屋の隅で斜に構え、下から睨みあげるように様子をうかがい、制作には不参加であった。私はそっと「どうですか、何か描いて見せて下さいません？」と筆記した。驚いてこちらを一瞬凝視して、D氏はさっと一枚の黒一色の街角を描いた。ユトリロ描くパリの裏町をもっと淋しく暗くした絵であった。だがその描写力は玄人はだしであった。それがその絵の寂しさを重く沈んだ強烈なものにしていた。「素晴らしく良く描けている。でも何と淋しく沈んだ絵……、眺めているこちらもうら悲しいような……」と筆記すると、D氏は持参のノートに夢中で数ページに書き連ねだし、驚いている私にノートを見せた。要約すると、幼い時からの不遇な生活が綴られ、世の中と自分の境遇への怒りと失望感で一杯のうちに流れ流れて時に躓《つまず》いたりして還暦近くなったことがしっかりした構成の文で述べられていた。

そして「小学生の時、絵がうまいと先生に褒められたことが子ども時代の唯一よい想い出、あの時だけが楽しかった、図工の時間だけ生きていた……、自分にも子ども時代があったのだ、ほんの少しだけどよいことがあったことを思い出した。たった今、絵がうまいとだけでなく、寂しさを感じたと素直にありのままの気持を告げられて、ふっと話さなかった生い立ちからこれまでのさまざまな苦労、世の中への怒りを書いてしまった……」と追記されていた。ふと顔をあげるとD氏は幾分穏やかな表情で淡く微笑していた。

その後、D氏は入所者の輪に徐々に加わり、職員にも筆談で自分から話しかけるようになった。時には身辺の処理がうまくできない入所者をさりげなく手助けしたりし、自分のいる場所として施設を感じ、周囲と打ち解けて暮らしはじめた。その後保護観察期間も無事終了したと施設長から便りを戴いた。

七　コミュニケーションが生まれ、つながる瞬間、生きられた時間の体験がもたらすもの

支援者は被支援者の表現することと表現されないこと、この両者へ探るような心もちではなく、ひとまずは素直に受け取ろうと開かれた注意を向ける姿勢で臨みたい。支援者は相手の内的感覚の流動的世界と同時に自分自身の内的感覚に注意を寄せつつ、全体状況を同時に俯瞰する視点も併せ持つことが必須である。

面接者の内的感覚によって浮かびあがってくる被支援者の世界の今とこれまでを合わせ受け止めて、まさに焦点と考えられることを控えめにそっと表現してみる（説明しつくすより、そっと尋ねるような呟《つぶや》くような余韻を残す表現……）。この時、感情や考えを適切に言語化し得ないでいる被支援者の内的感情や思いが支援者のそれらを追体験、あるいは汲み取ろうとする姿勢ですっと言葉や行為として表現され、被支援者と支援者との間にコミュニケーションが生じ、繋がりの緒が生まれるのである。そして、この表出される内容が存在の基盤を作る子ども時代にまつわる肯定的なものであるとき、それはレジリエンスの基底ともなり、その後の生を享受しようとする展開をもたらすと考えられる。

ここで述べた子ども時代を想起することの意味は手法や支援過程の展開の仕方についての違いはあるが、精神分析的面接、回想法、内観療法などで取り上げられ検討され、それぞれに過去経験をどう捉えるか、それによる意味について有意味な検討がさまざまな視点から為されてきている。これらの知見を元にしながら、ここでは心理支援の過程で、被支援者に主体性を委ね、支援経過の中で自然に被支援者が触れる子ども時代の経験、回想内容をいかに受けとるか、その受けとり方に相手の主体性を重んじること、意味づけ、解釈のまえにまずは素直に追体験と共有を試みることが有意味であり、そこから被支援者は孤立からコミュニケーションの緒を作って、自らの存在とその生を受け入れていく可能性が生じる機微について述べた。こういう支援者の姿勢により、さまざまな意味でリソースの乏しい人々に対しても心理的支援の可能性が広がるように期待される（村瀬 二〇〇三）。

おわりに

心理療法が支援者の視点からばかりでなく、被支援者にとり真に支援として体験され有効であるために、支援者に求められる要因について述べた。さらに子ども時代が人の精神形成や人生に持つ独自の重要な意味に着目し、子ども時代の体験が一見ささやかに見えるものであってもそれを想起し、その体験の持つ肯定的な意味を被支援者と支援者が味わい直し、その意味を確かめることが被支援者のレジリエンスを発動させ、精神的回復を促すと言えよう。この子ども時代の存在を受け入れられたという体験を味わい直す生きられた時間を経験することは、さまざまな主訴・病態の被支援者に対して有効であり、その病態や問題に即応した支援技法の適用の基盤となるものと経験上考えられる。

さらに支援者には基本的に人を人として遇する姿勢、あらゆることに素直に開かれていて、新たな理論や技法を学ぶ姿勢をもちつつ、基本的にはよき帰納法的姿勢を持つことが望まれる。

文献

青木省三（二〇〇六）「あとがき」滝川一廣、青木省三編、村瀬嘉代子『心理臨床という営み』二七一－二七三頁、金剛出版
土居健郎（一九七七）『方法としての面接――臨床家のために』医学書院
神田橋條治（一九八八）「入院患者に精神療法を行う医師へのオリエンテーション」『神田橋條治著作集　発想の航跡』二六九－二八八頁、岩崎学術出版社
村上伸治（二〇〇七）『実戦心理療法』一八七－二三三頁、日本評論社
村瀬嘉代子（二〇〇三）『統合的心理療法の考え方』金剛出版
中井久夫（一九八五）「精神療法とその適応を考える試み」『中井久夫著作集第二巻　治療　精神医学の経験』一一五－一二二頁、岩崎学術出版社
清水將之（二〇〇一）「二一世紀の子どもたちへ」児童青年精神医学とその近接領域、四二巻二号
清水將之（二〇〇一）『子ども臨床』日本評論社
滝川一廣（一九九八）「精神療法とは何か」星野弘編『治療のテルモピュライ』星和書店
Singer E（1970）Key Concepts in Psychotherapy, 2nd ed. Basic Books, New york.（鑪幹八郎訳（一九七六）『心理療法の鍵概念』誠信書房）
山下格（一九九六）『精神医学ハンドブック』四八－六一頁、日本評論社

心理アセスメントが治療・支援に役立つために

はじめに

心理アセスメントは医療はもとより、さまざまな領域において行われている。ここではクライエントが生きやすくなり、治療や支援が効果的に展開するために心理アセスメントに求められる留意点とその質的向上について、汎用的視点から考えてみる。

一　アセスメントが治療や支援に稗益《ひえき》するために

心理アセスメントの定義は用いられる場により一様ではないようだが、ここでは「臨床的アセスメントというのは、有効な諸決定を下す際に必要な、患者（クライエント）についての理解を臨床家が獲得していく過程」と定義し、さらにそれは「患者（クライエント）について（にとって）価値ある情報を得るために必要な、**いかなる行為をも**」含んでいる、と述べているコーチン（一九七六）の考え方を現実的でバランス感覚あるものとして踏襲したい（強調は筆者による）。

心理アセスメントは、臨床的面接、心理検査、知能検査、行動観察、照会して取り寄せた資料等を含んでいる。これは、伝統的には「診断、治療や処遇計画、治療効果の評価、より緻密な深い理解のために、専門家である査定者によって、周到に集められ、標準化されたデータであり、査定者はテストのスコアを基準に参照比較することを通して、クライエントを理解し、それを治療、支援に活かそうとする。あるいは治療や支援の進展や効果を検討すること」と捉えられてきたといえよう。クライエントは査定者から観られ、尋ねられる、基本的に受け身的な存在とされている。

しかし、現実のアセスメントを行う場面は決して、査定者からクライエントへの質問、観察、問題提示などという単純な構造ではない。短期間の間に場と査定者がそれぞれ異なって、投影法の検査が同一被験者に行われた結果をいくつか目にする機会を得たが、本来は安定性があって、短期間でそれほど反応内容に変動がみられない（パーソナリティの中核部分はそう容易に変容しない証左ともされる）はずのある種の投影法検査結果にかなりの相違がみられ、それはその時々のテスティの特質だけによるものであって、テスターの特質と無関係とは到底考えがたかった。

アセスメント場面は対人場面であり、現実にはその場のクライエントと査定者との関係性があることを考えれば、これは否定し得ない事実である。この関係性を積極的に展開してアセスメント過程の中に治療的進展をはかる治療的アセスメントをスティーブン・E・フィンは提言している（二〇〇七）。実際、心理アセスメントと治療とは裏打ちしあって進むものであり、治療過程の中にも当然アセスメントの要素は含まれる。つまり、治療過程の進展につれてアセスメントの内容も変化していくのである。なお、いずれの領域においても、アセスメントには次のような視点からの理解を含むことが必要である。

（1）クライエント（被査定者）の客観的状態とその暮らしている状況を把握する

まず、いかなる相手であっても人として遇する態度でかつニュートラルに出会いたい。出会いの瞬間がその後の展開の質に大きく影響する。相手の不安、緊張、拒否感、戸惑いなど、それらを必然のものとして受けとりたい。さりげなく五感を働かせて、クライエントの言葉ばかりでなく、表情、動作、話し方、身繕い、さらには行動特徴面から、そのクライエントの客観的特徴を捉える。そして、この行動特徴の背景にはどういう要因があるのか思考をめぐらせてみる。たとえば、本来は苦しいはずの状況下にあるのに、無表情に表出をしないクライエント。この状態の背景にある要因は何なのか。単純に決めつけないで、他の事実と照合しながら考え、表出しない、あるいはできない背景にさりげなく想像をめぐらす。

［事例］

準禁治産の宣告手続きと高齢化による認知機能の低下への対応を求めて、親族が検査入院手続きをされた高齢婦人に、知能検査としかるべきテスト施行を求められた。入院後、まったくの緘黙状態、食事もほとんどとらず経管栄養摂取が検討されていた。

全身を硬直させ、瞑目《めいもく》したMさんは車椅子に乗せられ入室された。無表情で、こちらの挨拶にも、面接の目的説明にも瞑目のまま、身を堅くして応答なし。これからの方向を考えていくためにと検査が求められている。Mさんの望みではないかもしれないが、今のように食事もろくにされず、ずっと黙って過ごされるのが本当にお望みなのか……、Mさんにとってよいことなのか……と、戸惑いながら話しかけるも相変わらず無言。意を決して穏やかに「無理強いは致しません。病棟へお帰りください。でも、拝見していると、この部屋のクーラーと扇風機がお気に入りとお見受けしました。テストはやめましょう。短時間ですが涼んでいらしてください」と告げた。Mさんは眼を開けてこちらをしばらく凝視してから、気持よさそうに扇風機にあたられた。

（「心理職もやっぱりダメだ」と言われて致しかたないと別の書類を広げると）「テストやりましょ」とMさん。「この部屋に入った時から、ずっと貴女を観察していましたよ（含み笑い）、優しそうだけどホントだろうか、検査を受けないと機嫌が悪くなるのじゃないか……、でも普通に親切とわかったからテストしましょ」。

検査を終えると、苦労多く、気持の休まらなかった嫁としての生活、夫や孝行息子に先立たれ、周囲からのこころない仕打ちにひとりぼっちであることなど、緘黙状態であった先ほどまでの姿と同一人物かと思われるほど筋道立てて来し方を語られた。見做されていたよりも精神機能は事理常識がかなり保たれていた。これまでの生活を切々と語られると淡い笑顔を浮かべられ、「思うことを話したことはなかった……。涼しくなった」と笑顔で退室された。その後みずから進んで施設へ入られ、相応に身辺は落ち着かれたとうかがった。

(2) クライエント（被査定者）の体験世界を想像し、把握につとめる

出会う前に資料があれば、それをも含めるが、まず出会いの瞬間からクライエントの言語的・非言語的表現を大切に受けとるようにする。仮に沈黙を続けるクライエントがいれば、そうする必然性について想いをめぐらし、沈黙のうちに味わっているであろう当人の苦痛や不安について追体験するこころもちで想像してみる。被査定者は自分自身をどう捉えているのか、この世界がどういう性質をもつものとして受けとめられているのか、想いをめぐらせてみる。被査定者が自分の気持や状況の必然性が伝わりうるのだと

いう感覚をもてるように。

（3）クライエントを時間軸と空間軸に沿って理解しようとする、現実の生活の実態をイメージする（どういう繋がりの中でどういう気持で暮らしているのか想像する）

クライエントの生育歴や発達歴や問題歴がクライエントの今をどう形作っているのか、クライエントのあり方は時代の流れの影響をどう受けているのか。そしてクライエントはその環境（家族、所属の社会集団、地域、さらに大きな社会的拡がりの中）をどう感じ、受けとめているのか考えてみる。

二　協働作業として行われるアセスメント

アセスメントを行う場面は、査定者がクライエントに注意を向けているのと同様に、いやそれ以上にといっても過言でないくらい、クライエントは査定者やその場の特質を観察し感じとっている。この相互関係性の質は、心理療法の場面におけるその意味に比較して決して軽いものではない。クライエントに阿《おもね》るなどというのではない、ニュートラルに相手を人として遇する態度がアセスメントの質を高める。

三　アセスメントの営みの基本

かつて、心理テスト施行は心理職ならではの営みと考え、それが全体の臨床過程の中にどういう意味をもつのか、あるいは何をどう期待されているのかについて、さほど関心をもたない風潮もなきにしもあらずであった。

しかし、全体の臨床経過の中にあって、その心理アセスメント所見のもつ意味が仮に部分的であっても、意味のある所見を提示するにはまず、査定者自身へ次の諸点について明確に認識していることが期待されよう。

（1）このアセスメントは何を目的として行われるのか。
例——総合的に治癒と成長変容・支援を進める、適性とガイダンス方法を見いだす、ある目的に添った判断資料（鑑定、選抜など）。

（2）アセスメントをする場（その機関の特質や機能、役割など）についての認識、アセスメントの方法やツールを考える。目的に添ってどういうツールをいかなる配慮の下に用いるか（テストの種類が指定されていても漫然とルーティン作業として流すのではなく、個別にその意味を考える）。どう始まろうとしているのか、あるいはどう進められてきたのか。被査定者はこれまでどう暮らし、今どうしていて、これからどうしたいのか、どういう状況にあるのかなど。

（3）査定者自身についての自己認識。その臨床状況の中での役割、査定者としての習熟度、臨床家としてと同時に一個人としての自分の特徴をトータルに自覚している。

（4）アセスメント結果を誰にどのように報告するのか。その目的に添って内容をどのように纏めるのか。根拠のある事実に裏づけられた所見を書くように（所見の内容は仮に被査定者にとり厳しいものであっても事実に基づくものであるとどこまで受けとめられうるか、また受けとめられるための要因を査定者は自問する）。

（5）その心理アセスメントがかかわる事態についての基本知識とそれにまつわるジェネラルアーツをもつ。

さらに次のような被査定者が置かれている状況や背景の理解。医療においては必要な医学の知識、福祉では査定内容が連動して用いられる支援の性質。訴訟事件の意見書作成や鑑定などの場合は、少年保護事件、刑事事件や民事事件に関する基本的理解など。また、産業においてはその業界、その事業所が社会の中にどういう意味をもち、位置づけにあるのか。教育においては生徒や教員、コミュニティへの眼差しや理解に加えて、学校や地域社会の精神風土や文化の理解、時代が教育に期待することなど……。

四　アセスメント力を向上させるための工夫

アセスメントの主なツールの用い方について、基本的に会得していることを前提として、次の諸点はアセスメント力を増す助けになろう。

（1）アセスメントを受けるクライエント（患者）に対しては、仮にどのような人であっても、基本的に人としての尊厳や自尊心を大切にする。

（2）アセスメントを行う査定者は、自分を相対化して捉えている。自分の弱点、習熟が不足している点について自覚している。アセスメントを行っている時に自分のうちに生じる思考や感情を正直に自分のものとして認め、バランス感覚を維持するように。

（3）抽象概念を具象化し、現実の生活と連動、循環させて捉えられるように言葉の意味をほんとうに自分のものにしている。メタファーを適切に用いられるように。

（4）手引き書の解説を引用する解釈にとどまらず、個別的に解説に幅と深みを加えて、クライエントの生活と連動させてその生き方を想像し描出してみる。

例――手引きによれば「対人関係が深まらない」という場合、それは年長者（庇護的な人、命令権者など機能もいろいろ）の場合はいかがか、性差は、同年齢の友だち、保護を必要とする幼子に対してはどうふるまうのであろうか？　あるいは、この人は家族と一緒の食卓状況ではどういう様子で食事しているのであろう？と、現実を生きている場面を想像してみる。

（5）手引きに従って解釈仮説を立てていくと、矛盾した内容が出てくる場合がある。筋道の繋がりやすい仮説を適用して、流れのよい物語風に解釈を纏めてそこでわかったつもりで納得してしまうよりも、矛盾の意味を考え抜くことによって理解が深まる。たとえば、葛藤を抱え、自己撞着に陥って強く苦しみ、不適切な解決を試みて蟻地獄に落ちたような状態のクライエントの体験世界を思い描き想像してみると、実感を伴って、その苦しさが理解されるようになりうる……。深く的確な理解は治療過程へと自然に連動して繋がっていく。

（6）地方などに居住して、スーパーヴィジョンや研修の機会が少ない場合をはじめ、そういう機会に恵まれがたい場合の工夫。たとえば、一度総合的に纏めたアセスメント所見のデータを、その解釈過程や記憶が薄れた数カ月後（あるいはもっと長期）に新たに纏めてみる。前回の内容と比較して進展の有無はいかがであろうか。その要因を考えてみる。

（7）まったく違う領域の、しかしその領域においては相応のスペシャリストの人に自分の考え（もちろん当該の事案そのままではない）を内容のレベルを下げずにわかりやすい表現をこころがけながら伝えてみる。本質を外さずに対象を捉えていると、理解される場合がほとんどである。翻って、所見を理解されないと不満をもつ前に、本質を捉えているか、内容を的確に公共性あるわかりやすい表現によって伝えたかについて再考吟味してみる。

（8）問題点、病理は比較的それなりに見いだしやすく、捉える基準やツールが相応にある。一方、アセスメントを支援や治療に活かすためには潜在的可能性やレジリエンスに気づくことが必須である。これをいち早くたしかに見いだすには、マニュアルに依拠する基準のみに頼っていては不十分である。物事を一義的に捉えてこと足れりとせず、基本を押さえながら事象を多面的に捉え、多軸で考える姿勢をもつ。矛盾した命題や二律背反状況に踏みとどまって手中にした資料、情報について知見を総動員して根拠のある想像力をめぐらすことで、より幅広く深く正確度を増して対象を理解することが可能になろう。

おわりに

アセスメントとは、生物・心理・社会モデルをもとに必要な問題点を焦点化して捉え、同時にそれにかかわる全体状況を時間軸と空間軸に基づく両方向から理解していくクライエントとの協働作業である。とりわけ、あまり注目されてこなかったが、査定者のあり方が意味をもつことに注目したい。査定者はツールの操作についての技術的熟達度向上に努力すると同時に、協働作業を行う査定者としての自己覚知を深めることが求められているのではあるまいか。このことを強く認識した、ある場面を記してむすびとしたい。

ケネディ大統領在任時の頃であるが、留学生としての私に対し、帰国後の仕事に役立つようにと、大学院の時間割の隙間をくまなく埋めて、医学部付属病院でのカンファレンス見学や矯正施設での非行少年とのかかわり、アルコールや薬物嗜癖者の施設見学が私個人に特別に用意されていた。そういう場に臨んで、これが日本でならまずschizophreniaと考えられるであろう状態の人をschizophrenic reactionと診断される場合がしばしばあることに気づいた。疾病と見做すより反応と受けとる幅を広くすることは、支援如何により回復の可能性がある、状態改善への期待が大きいという精神風土があるからなのであろうかと考えられた。当時アメリカは社会的・経済的にきわめて意気軒昂としており、そういう時代背景もあってのことかと思われた。

殺人を犯し、鑑定のため精神科病棟入院中の青年についてのアセスメント・カンファレンスの場を見学した折のこと。座長は峻厳さと包容力を併せ感じさせる白髪の精神科医の教授、着席者は精神科医三名、心理学者二名、ソーシャルワーカー一名、被疑者の在宅時の保護観察官一名、警察官一名、被保護世帯の子どもで非行に早期から馴染んでいた被疑者を担当された教諭、アルバイト看護助手として病棟で夜勤をしている生物物理専攻の清新な表情の学部三年生男子。教授を含め一一名のカンファレンスメンバーのところへ被疑者の青年が連れてこられた。二二歳というその被疑者は金髪、緑眼だが無表情、全身が硬直しており、視線を合わせるのを避けている。

やがて、精神科医から順に列席者全員によって、一人ずつ彼についての所見が述べられた。聞きとれない箇所もあったが、どの出席者も周到で精緻な叙述をされ、件の青年が統合失調症を発症し、病状はかなり重篤で、極度にアパシーの状態だということであった。

そして、彼の家庭の凄惨な崩壊の様子、育った地域社会の混乱した具体状況などが伝えられた。被疑者は、自分自身について申述されていることはまったく無関係という様子であった。

最後に座長の教授は、夜勤の学生の意見を求められた。「彼は無表情で、ほとんど言葉を発することなく動作も緩慢です。ちょっと見ると現実に関心がまったくないようにも思われました。でも、夜が白む頃、起きていて、彼は窓から白んだ空が茜色に変わるのをじっと見つめている時があります。何か感じ、考えているようにも見え、おはよう、と言うと微かにこちらに視線を向けるのです。他の患者さんへ対するのと同じように、さあ、一日の始まり、という新鮮な気持を込めて挨拶します……」。教授はにっこりされて夜勤をする理由を聞かれた。青年はバイオフィジックス（当時は最先端の領域で理系の学生間で人気が非常に高かった）を専攻し始めており、大学院進学希望、成績よく特待生だが両親が死亡し、弟妹の勉学を助けるために夜勤をしている。精神科病棟夜勤の仕事は、自分の希望専攻とは一見関係ないようだが、人が生きることについて考えさせられて、学ぶことが多いと爽やかな表情で控えめに応えた。同席者はそれぞれ微笑を浮かべて青年の言葉を聞いていた。

次に教授は、驚くような質問を被疑者に向かってされた。「ここにいる先生たちが君についてそれぞれ立派に意見を述べられたのだ。ところで、この中で君が人間としてよいと思う人、好きな人はどの人か指してごらん」。（私の内心の声——こういう質問、こういう場でするの！）それまで無感動だった被疑者は座長に向かって「You!」。そして夜勤担当の学生を指さして「this guy!」とはっきり声を出した。私が息を飲んでいる間に教授は続けられた。「君の人生はほんとうに大変だったと想像する。生きるのはつらかったろう。おそらく笑ったことがないのではと思う」。被疑者の青年は表情を動かし、微かに頷いた。「そうだろう。でも笑うこともなく身構えている生き方はつらさが増していくのだ。内容が先というが、形から入るのもある。形から笑ってみよう。やってごらん」と教授はみずから歯を出して見せた。「笑う時は歯が出るだろ、まず歯を出してごらん、一緒に、ハイ」。被疑者はおずおずつられるように歯を出した。「そうだ、それが笑顔だ、今それどころではないだろうが、今のそれは笑いのもとだ、いつかこころから笑えるような時が君に来るように祈っている。これから君は裁判を受ける。今のように尋ねられたことには正直に話してごらん。事実を正直に話す、君の今の務めだ。その時、その時、できることを一つずつやっていくように。君は治療を受けるようになるかもしれないが、その時、その時、できることを一所懸命やってほしい」。被疑者は教授を見つめて聴き入る姿勢になっていた。そして彼は小さな掠《かす》れ声で「yes……」と答え、退室していった。

並みいる専門家によって語られた精緻で的確なアセスメント所見、そういう専門性のうえに教授が示されたこと、夜勤青年がいながらにして自然に伝えてくれたもの、それらを併せもてるように少しでも近づきたいと、その時私は秘かに自分の課題としたのである。

文献

Korchin SJ（1976）Modern Clinical Psychology. Basic Books.（村瀬孝雄監訳（一九八〇）『現代臨床心理学―クリニックとコミュニティにおける介入の原理』弘文堂）

Finn SE（2007）In Our Client's Shoes : theory and technique of therapeutic assesment. Lawrence Erlbaum Associates.（野田昌道・中村紀子訳（二〇一四）『治療的アセスメントの理論と実践―クライアントの靴を履いて』金剛出版）

村瀬嘉代子（二〇一二）「アセスメントと仮説」村瀬嘉代子・津川律子編『事例で学ぶ臨床心理アセスメント入門』臨床心理学、四巻、四九―五五頁

子どもの心理療法のこれから

――現実生活と理論や技法を繋ぐ――

はじめに

心理療法ということばから、体系化された認知行動療法や精神分析が思い浮かび、さらに、「護られた時間と空間の非日常的な状況において……」としばしば述べられてきたことなどが呼応して想起される場合もあろう。だが、心理療法は特定の構造化された状況の中のみにおいて成り立つ、あるいは為されるものであろうか。

数多《あまた》ある心理療法の定義の中で、ジャネ（Janet P, 1923）のそれは、まさしく臨床的で首肯できよう。「精神療法とは生理学的・精神的なあらゆる治療の総体であり、生理学的な病気にも精神的な病気にも適用できるもの、これまで観察された心理学的事象、とりわけその展開を規定する法則の考察から導き出された方法を用いるものである。

その関連は、心理学的事象相互間にあっても、生理学的事象相互間にあっても構わない。一言で言えば精神療法（心理療法）とは患者の治療に際して心理学を応用することである。」つまり、心理療法とはクライエントや患者と出会ったその時から始まり、別れるまで続いており、その現れ方はさまざまだが、臨床行為の基盤をなしていると考えられる。心理療法につき、表現は異なるが、これと同様の捉え方を土居健郎（一九九四）、山下格（二〇一〇）、青木省三（二〇一一）、村上伸治（二〇〇七）らもしている。

一　「生活」を視野の根底に置く

こころとは具象的に「人が自分自身をどう捉えているか、他者や物、ことへどのようにかかわるか、そこに具体的に現れている」と言えよう。当然ながら、その人の生き方にその人のこころは反映している。特定された理論や技法をいかに適用するかという視点で考えると、疾病や行動上の問題の性質や重篤度によって、適用の可否があり、心理支援の幅は自ずと限られてくる場合があり得る。

一方，あくまでもクライエントや患者の必要性をまず考え、生き難さを和らげるという視点、換言すれば生活を心理的視点から支援しようとするならば、重篤な状態にある人であっても、生活者であり、何らかの支援の緒は見つかることになる。そこから生き難さが和らぐ方向への展開が可能になる。

二　心理療法の理論や技法を生活に繋ぐ意味

障害や疾病が重篤で，症状を直接変化させることが難しい、或いは悩みについて洞察が生じにくい場合でも、生活の質を向上させることにより、人が生きやすくなる契機が生じ得る。そもそも人が生きる上で抱く心理的問題は、背景には生物、心理、社会的要因が輻輳《ふくそう》してかかわっている。狭義の心理学的解釈理論だけで、事象を捉えるのではなく、生活に根ざした複眼の視野により、よく観察し、多軸で考え、多面的にかかわる姿勢が心理療法の適用範囲をより広げる可能性をもたらす。

三　子どものセラピストとして

セラピストの基本は、自分のかかわる**時**（時代の流れの位置づけ、自分の歴史、目前の課題が時間軸の中で持つ意味など）、**所**（いかなる場か、社会的役割と責任とは何か）、**位**（所属するところでの自分の位置と期待される機能、責任など）を確かに捉えていることである。これは、心理療法に限らず、仕事に当たるに際しての基本であるが、心理療法を行う場合も必須であり、しばしば求められるチームワーク、コラボレーション、連携のためにも不可欠である。

この基本の上に、人を人として遇する、ひとたびはその人がそうあらざるを得ない必然性を素直に受け止め、クライエントを理解するに際しては、一人称、二人称、三人称的姿勢を併せ持つこと、さらには、セラピスト自ら自分の内的・外的状態について気づき、自覚していることが求められる。内面世界と外的世界とを同時に捉える、焦点化と全体状況を俯瞰して捉える姿勢を同時に併せ持ちたい。

セラピストは関心を幅広く持ち、専門知識の他にジェネラルアーツを豊かに持つよう努め、ユースカルチュアに対しても開かれていたい。

現実には多くの場合、既成の理論や技法を超えたところがある。新たな理論や技法の会得に努めることはもちろんだが、帰納的態度で、まず事実を緻密に観察し、それに適合する方法を個別に即して柔軟に考えていくようでありたい。

子どもの心理療法の特徴として、第一に、クライエントは心身の成長途上にあり、心理療法においては行動上の問題解決や症状の消褪ばかりでなく、心身の成長を促し、教育の促進や社会性の会得も併せて考慮せねばならないことが挙げられる。たとえば、いたずらに退行を促すような遊びばかりでなく、退行と成長促進の意味を併せ持つような重層的な意味があり、そして楽しい活動を工夫して創出することが望まれる。

第二に、子どもは社会経済的に環境に依存せざるを得ず、環境の影響を大きく受けている。家族への支援、学校、時にはクライエントとかかわるさまざまな機関と連携、協力が必要になる、現場に赴く、その場の事実を知って一緒に考え行動するというアウトリーチ、フットワークのよさも期待される。子どもの問題の発現要因であるかに見えたり、不適切なかかわりをしている親にかかわる場合も、基本的に、子どもはこころの底には親を許したい、できれば和解したい、或いは受け入れられたいという気持を密かに深く抱いていることに留意したい。なぜなら、生物学的にも人間関係生成の最初の対象という意味でも、親は人の存在の基盤としての大きな意味を持つ。これをもとに子どもはさまざまな刺激を取り入れ同化統合して成長していく。この基盤としての親をいきなり他者が否定しては、子どもはどのように成長していったらよいかという基本のよりどころをさらにおぼつかなくさせる可能性がある。まずは不適切な子育てをしたと見えるその親のあり方について、そうならざるを得なかった必然性を静かに受け止めるところから始めたい。さらに、養育力の欠如や誤りの見られる親に対しても、直ちに批判するのではなく、親の苦労や哀しみをさりげなく、しかし確かにくみ取るところから出会いたい。

第三に、子どもは家族についで、学校環境や地域社会の影響を受ける。学校へも時には出かけ、解説や指示がましいやりとりではなく、相手の労や努力を労いながら事実の理解を共有し、改善工夫点を見いだしたい。地域で資質に恵まれない子どもが疎外やいじめの対象とされている場合、被害児を護ることは急務だが、加害児も疎外感や自己効力感を失い不安に駆られている場合も少なくない。事象を焦点化して捉える視点ばかりでなく、全体状況の理解に努めること、サイコセラピストは一対一の関係を基本としながらも、オーガナイザーやコーディネーターの視点や役割も必要に応じて柔軟にとることが求められる。

四　統合的アプローチを基底にした、裏打ちし合うアセスメントと支援

複雑化や重篤さを増しつつある子どもへの心理支援には、生物・心理・社会モデルを基底として、あくまでもクライエントとのニーズに添ったアプローチが求められよう。単一の理論や技法に終始するかかわり方に固執せずに、統合的アプローチが望まれる。

ここで提唱する統合的アプローチとは、従来の心理療法が理論と理論，技法と技法の折衷という視点に重点が置かれていたことに加えて、クライエントにとって意味のある統合を主眼とし、理論や技法の検討に止まらず、セラピストのあり方，統合を検討することを重視する。クライエントにとっての統合を促進するために、あらゆる学派や技法の基底にある特質に通じて、それらを道具的に使いこなせることが望ま

れる。

統合的アプローチとは個別的、具体的なオーダーメイドの心理療法である。施行に際しては、セラピスト自身がバランス感覚を維持しつつ、自己洞察を怠らないことが必要である。精神分析を基盤にし、自らホロコーストの極限状況を経験して、人間存在の根幹の深淵を知った、B・ベッテルハイムはあらゆる環境要因に配慮した治療環境を整えた上で「重要なのは治療者のこころの統合である」と説いている（村瀬二〇〇六）。

下記は、理論や技法の違いを超えて、現実の臨床場面で通底するアセスメントの骨子と心理療法の過程での留意点である。

1　アセスメントの骨子

①とりあえずの現状理解

自傷他害の程度、急性かどうか、またはトラウマ、ＰＴＳＤの可能性は？　支援者として自分ができること、自分の取り得る責任、器としての自分の適性。

②問題の性質や病態の水準――セラピストの視点に本人はどう自覚しているかについても理解する。周囲の認識は？　適応の程度はどれくらい？　活用できる資源？　ことばと感情や思考内容、行為との繋がりはどれくらい的確か。

③問題とされていることや疾患にかかわる要素――器質的要因、身体的状態、薬物や環境要因がどうかかわっているか、本人はどう受けとめているか。

④パーソナリティ――自分や他者をどう捉えているか、ストレスへの耐性、内省力の質や程度、感情の

状態はどうか。
⑤発達——平均に比較して心身の状態、時間的展望をどう持っているか。
⑥生活のあり方——家族やその他の人間関係、生活リズム、生活している地域の特徴、社会経済状況、生活の物理的条件（住居、地域の環境）はどうか。
⑦拠り所とする対象（人、物、事）潜在可能性、素質が現実的にどう機能しているか。

2　心理療法の過程での留意点

①長期の目標と短期の目標を照合し、クライエントの希望ともすりあわせを行う。
②当面の行動の変化。
③課題やアプローチの適切性の検討
着手できるところから、緊急度の高低、発達的観点、問題や症状の性質からして適切か、実行可能か、質的変化を促せるものか、クライエントの自尊心を護り保てるものか、そのクライエントにマッチしているか、過程の変容に即応する準備は？
④治療環境の醸成と構造化を図る——クライエント－セラピスト関係のみに焦点をあてて考えるのでなく、環境が人間関係的にも、物理環境的にもセラピューティックであるように配慮する。
⑤多軸で多角的に考え、ネットワーク、チームワーク、コラボレーション、連携を活かす（専門家、時に非専門家もリソースとして）。自己完結性にこだわらない。
⑥セッションの中で行われることと日常生活を繋ぐ配慮を巡らす。
⑦治療効果の一般化、波及効果を目指す、個人↓グループ↓組織。

⑧個人のみでなく、環境へのアセスメントと配慮、キーパーソンは誰かなど。
⑨セラピスト自身が自分のあり方を検討している。

基本的姿勢・理論や技法を使いこなせるようになっているか。十分な臨床判断に基づいて技法や知識を用いているか。目的と手段を逆転させていないか。モデリングなども必要性に応じて柔らかく活用する。セラピストの関心やある種の欲の自制、日々の困難の中にあってもするべきことは誠実に行う。

五 ［事例］冬に向かって育つ雑草に擬《なぞら》えて――緘黙で不登校の少女

（当事者の了承を得てある他、本質を損なわずに改変）

ある精神科診療所から紹介され、中学二年の緘黙で小学校四年から不登校、引きこもっているという少女Ｓが母親と来談した。紹介された医師の所見は、まず心理的な支援を受けてみるようにということであった。

Ｓは年齢に比し小柄だが、表情は老成して冷ややか。挨拶しても聞こえないかのごとく顔を背けたままであった。母親の顔には高齢者のように深く皺が刻まれ、生気の乏しい声と表情で「疲れている……」と第一声。「育てにくい病弱で気むずかしい子で、家族にも学校にも馴染むということがなく、話し始めたら評論家のように批判的な物言いをする子でびっくりした。はじめから自分の手に余っていた……、学校からも期待されていないようで連絡もない。勉強もわからなくなっているよう。当初から予習、復習を馬鹿にしてまったくしない子だったが、三年くらいまでは成績は上だった。四年くらいになると怠けていて成績は下がりだし、それが不満で休みだした。孤立していたこともあるよう……。不思議なのは小柄だが、運動能力が異様に高かった、今はこもっていて身体はなまっているかも……」と目を瞬かせ、口元を固く結んだ。

一見とりつく島もないかのようであったが、来談したのは現状からの変化を願ってのことであろうし、話を無理強いされるかのような状況になるよりはと、「お家にずっといると運動してみたくなるでしょう、一緒に身体動かすか、戸外に出てみましょうか」と誘うと、Sは顔を背けたまま、部屋を移り、助走もなしにマットの上で側転をした。驚嘆しながら素直に拍手すると、Sは側転を繰り返した。ただ、身体の動きだけが機械のバネのように正確で、表情は硬く、しかも視線が何か透かし見るようであることに気づいた。この視線は心理的な構えなのだろうか、もしや近眼なのでは?と一瞬疑問に思った。バネ仕掛け人形のような側転を黙々と続けるうち、Sには息切れの気配が見えた。初冬にしては暖かな日であった。「外の空気吸う?」Sは顔を背けながらもすっとついてきた。

砂地に小さい小さい雑草の若芽が生えていた。「寒さに向かうのに、砂地に生えるなんて!」と呟《つぶや》く私の声にSはしゃがみ込んで確かめるように目を細め雑草を眺め、そっと触れた。(やはり近視では? 雑草に触れてみるその気持?)「砂地より、黒土に植え替えたら、冬も元気に育つかも、植え替えて本格的な冬を越させようか?」そっぽを向きながらSは頷《うなず》いた。酔狂とも見えるであろうが一本の雑草を土に植え替え、割り箸の柵で囲った。「伸びるといい、きっと育つわ」Sはじっと草を見つめていた。何かこの草にSは自分を仮託しているように思われた。

次回、黙々と側転をして休息体勢になったSにそっとたずねた。「見え難《にく》いのじゃない? 違っていたら心から謝る……」掠れた小声で「黒板見えなかった……」「勉強わかんなくなった……」九歳頃から進み始めていた近視を一人で我慢していたのだ……。

付き添いの母親は「目つきが悪いと感じ悪く思われる」としか思いつかなかった、と後悔し、「いくら子どもが興味を持ったからって、雑草に柵を作って育てるなんて」と吃驚《びっくり》し、それでも苦労の結晶のような表情を崩して、声をたてて笑われた。Ｓに洒落た眼鏡のデザインをいろいろ描いて見せた。ふん、と言いながらも熱心にＳは見入った。

眼鏡をかけるようになり、Ｓは伏し目がちだが人に向き合う姿勢を取るようになった。

人はまだ苦手、動物と話したい、と子猫を飼い始め、「こころ」と名付け、膝に載せては話しかけるようになった。

母親が自ら面談を求められ、大勢の住み込み職人や幾人もの義弟や義妹そして異様ともいえる厳しい義母に仕えた、町工場の主婦の想像を絶する苦労の日々に、自分もほとんど壊れていた、と述懐された。三人の子どもの中でもＳは義母の生き写しのようで、いけないと思いながらもしみじみした情愛がわかなかった……。でも、雑草が柵に囲われ大切にされるのを見て、なんだかぱーっと気持が広がった。変わりたい、と言われた。

Ｓは小声で将来への不安を語り、私にもそんな子ども時代があったかと尋ねた。一瞬迷ったが正直に答えた。小学校入学の朝、庭で記念写真を撮って貰うとき、ふと「六年間は長いなあ、無事に六年たつのだろうか」と思ったこと、だから写真の中の私は遠い彼方を覚束なそうな表情で眺めていて、潑剌《はつらつ》としている新入生とはほど遠い、と答えた。

Ｓは大声で笑った。学校へ行きたいけど、このままではビリで嫌だと。父親は職業柄、理科や数学が得意で、Ｓの勉強を手伝った。父親とまともに話をするのは初めてのことのようであった。勉強の時は「こころ」が膝の上にずっと居ることになった。若いスタッフや研修生と一緒に側転や会話を楽しめる機会を作った。学校では養護教諭の先生が、ただ休息のための保健室ではなく、統計を取る手伝いの役割を与えて、学校生活や担任と繋いで下さった。高校生の頃は不登校の友人の世話をしたり、自分の勉強の他に裏方の作業も進んで引き受け、信望を得た。時を経て、化学会社の研究員となり、肥料の研究をしていると便りがあった（冬空の下、雑草に二人で水肥《すいひ》をやった過ぎた日をふと思い出した）。

おわりに

新たな理論や技法の会得を怠らない、だがそれらが生まれた文脈の理解も必要で、目前の事実に適用するには適合性について検討が要る。

セラピストには柔軟性、ジェネラルアーツ、根拠のある想像力を養うこと、創造性が求められる。また、人が援助を受けることに抱く痛みに思いを常に致していることも大切であろう。心理療法施行に際しては、オーケストラの総譜を理解して、控えめだが責任をもって自分のパートを弾くときのようなこころ持ちが望まれる。

文献

青木省三（二〇一一）『時代が締め出すこころ』岩波書店
土居健郎（一九九四）『日常語の精神医学』医学書院
Janet P (1923) La medecine psychologique. Paris, Flammrion.（松本雅彦訳（一九八一）『心理学的医学』みすず書房）

村上伸治（二〇〇七）『実戦心理療法』日本評論社
村瀬嘉代子（二〇〇六）『心理臨床という営み』金剛出版
山下格（二〇一〇）『精神医学ハンドブック』日本評論社

聴くという営み

はじめに

人は生涯にわたって、親に対しては子どもという位置関係をもつ。社会経済的に立派に自立した成人でも、ふと子どもという立ち位置にかえって、密かに抱える悩みを親に語る、という場合がある。この場合、聴き手は親ということで、聴かされる悩みの性質に応じて、甘えを受け止めるようなこころ持ちで聴き入り、語り手の苦しみを和らげる、あるいは何か参考の意見を述べる、語り手の生きるつらさをそっと分かつこころ持ちで接する、はたまた、時には現実的な援助を提供する、といった反応がありえよう。

ただ、ここでは心理臨床の立場で子どもの悩みを聴く、という前提なので、子どもを心身の発達途上にある人々を指すとして、聴くという営みの意味を考えてみる。

一　子どもの抱く悩みの特質

子どもの悩みと一言で称しても、その内容や深さは千差万別である。具体的なちょっとした方法を示唆することで、一応納得し、解決する類のものもある。しかし、人が成長期にあるということは、日々、未知のことに出会っており、新たな体験をしているといえよう。刻々、自分自身に出会い、この世の諸々に開かれていきつつある時期なのである。未知の新たなものやこと、人との出会いは、驚き、歓びや新たな楽しみをもたらす感動の経験ではある。だが、新たな出会いはそう単純なものばかりではない。疑問や悩みが生じることもある。

成長途上にある子どもの抱く疑問や悩みは、ひとつひとつが新しく、時には本質的で、容易に単一の答えなどをよくなしえない、というものが少なくないといえよう。たとえば、いわゆる生老病死にまつわる疑問や悩みがそうであろう。

可愛がっていた犬はどうして死んでしまったのか。やさしく慰めてくれたお祖父さんが亡くなって、なぜかぽっかり自分のこころに穴が空いたよう……。家族はいろいろ気遣ってくれるのに、ボクは病気がちで友だちのような生活が送れない。人、いや動物だってどうして病気になるのか……。一所懸命走っても、駆けっこではいつもビリだ。他の運動も苦手。努力しても結果には結びつかない……。この世で人に付与されるいろいろの条件は必ずしも平等ではない……。両親は一所懸命働いているようにみえるのに、自分の家の家業はだんだん寂れていく……。ホームレスの人はこころの底からあの生活を好んでいないはず、なのにどうしてああいうふうに暮らさなければならないの？

楽しく面白いことも多いが、人の生には諸々の不条理がつきまとう。それらをすべてこの世のこととして受け止めて生きるということはどういうことか。はたまた、家族から可愛がられ、これといって不自由がなくても、なにかの折によぎることばには容易に現せない寂しさ。無邪気そうに見える子どもたちも、こういう根源的な問いを抱えているのだ（もちろん、明確に言語化しえない場合もあろう）。

悩みが一人で抱えるにはあまりにも深刻な場合、悲観的感情や思考を強めて身動きがとれなくなり、ついには行動上の問題や症状発現を招きうる。大人は、そういう子どもの状態に気づき、支持的に悩みを聴き、痛みや不安を和らげることがもちろん必要である。だが、人のこころが成長するには、悩みへの解答を得て、悩みがなくなることそのものを目的とするのではあるまい。その過程で支えや示唆となる刺激を上手に受けながら子ども自身が悩みを抱えられるように、考えることができることが大切なのだ。

ただ、そのためには、悩みの質と量がその子の今の容量に対してどれくらいのものなのか、必要に応じてどう聴くかという判断は必要である。いわゆる的確な見立てが大切である。

二　聴き手に求められるもの

さて、どのように聴くか、という技法については、応答練習問題集の入門編から、昨今は子どもの司法面接などという専門特化された領域に到るまで、かなりの文献が手に入るようになった。たしかに技法は役立つ。それを知悉《ちしつ》し会得していることは専門職としての責務ではある。だが、ふっと「あの人に話したい」「あれ、こんなつもりではなかったのに、知らず知らずに素直な気持になって、何かこころのうちを打ち明けてしまった」「ああいう人が側にいたら、何でも話せるのだけれど……」ということがある。

また、この世の制度やその他生活空間をはじめ諸々は、当然ながら大人を基準として作られ、成り立っている。つまり、子どもであることは、社会経済的に大人に依存して生きざるをえない。子どもは自由で責任もなくのびのびできてのん気だ、と単純には到底いえないであろう。さらに、将来があり、希望がもてるとも考えられるが、反面、それは決して約束されたものではなく、未来は不確定である。子どもであるということはこういう根源的な課題を抱えているのだ。

子どもたちに家族のイメージと成長することをどう捉えているかについて個別面接調査をしたときのことである（村瀬 二〇〇一）。私は子どもたちから話を聴き、面接を終える前に「私のほうがお話を聴かせてもらったけど、あなたもこんなことを訊いたら失礼だとか、そんな気遣いしないで、尋ねたいことやこころにかかっていることをどうぞ話してください」と問うていた。

五分弱の短い限られた時間であったが、先刻まではまったく未知の間柄で、おそらく今日一回限りであろう出会いなのに、ほとんどの生徒が何かしら気がかりとしていることを真剣に話してくれた。公立小・中学校の生徒たちで、特別人為的に選ばれたわけではない。例示してみよう。

「将来について、夢もありますが、でも不安です。先生は小さい時、なりたいと思ったものに本当になれましたか？」まじまじと私の顔を見つめているのはどうしたことかといぶかっていると、「あの、相当長く生きてこられたみたいですけど、楽しいことばかりでなく、つらいこと、苦しいこと、悲しいこともあったでしょう、人はどんなことがあるとそういうことを乗りこえられるのですか？　いま、そういうこと考えると心配になるのですけど……」。

軽い知的障害をもつのではと思われる生徒が「私は一所懸命に勉強してものを覚えられません、今日わかったと思う算数の解き方もすぐ忘れてしまうのです。東京の地下鉄は難しくて、乗り換えができません。大きくなったら、一人で行こうと思うところへ行けるようになるか心配です。ちゃんとした大人になれるでしょうか」「お父さんは病気で亡くなり、お母さんが一人で働き、私と弟の三人暮らしです。お父さんが亡くなってから、お母さんはきびしくなりました。一人で父親の役も母親の役もしなくては、と思うからなのでしょうけれど、何か淋しく怖いのです」

「お父さんは真面目なのに口べたで仕事もうまくいっていないようです、お母さんがすべてを仕切っていて、気の毒です。でもボクは何もできない、大人になることは不安です」

枚挙に暇がないくらい、初対面の子どもたちは限られた時間で真剣に問いかけてきた。

尋ねてみると、平素こういう悩みを口にすることはない、とほとんどの子どもたちが答えた。また、ある一人のシャープな少々醒めた印象を与える中学生の語ることには意表をつかれた。「ボクは困っていることがあって、ずっと一人で悩んできて、スクールカウンセラーに話してみようか、でも話してしまって後悔しないように、とカウンセラーってどんな人なのか先生が何回かこの学校へ通ってきているところを遠くから見ていたのです。今日話してみて、スクールカウンセラーに思い切って話そう、大丈夫そうだと気持が決まりました」。

こういう質問をしている子どもたちにとって、明快な答えや対処法があれば、もちろんそれはベターであろう。しかし、限られた時間であることを知りつつ、あえてそっとひとりで抱えていた悩みを語る子どもたちの心情は、単に具体的ハウツーの答えを求めるというより、そういう悩みを抱かざるをえない、何かしら寂しさを味わっている自分の世界をそっと分かち合い、その必然を素直に受け止めようとする人との出会いを求めているのではなかろうか。長い時間でなくとも（もちろん、よい聴き手、理解者が傍らにあることは望ましいことであろうが）、通じる、分かち合える、というそういう共に生きる時間を子どもは求めていたように思われる。

かつて、クライエントが心理療法に何を望むか、ということをクライエントであった青年期の人々に尋ねる調査を行った（村瀬　一九八五）。彼らの語ることはある意味で至極もっともで、奇を衒《てら》ったことでなく当然のことであったが、その際、彼らのほとんどが「今、ことばにして望ましい要因について話しましたけど、この人に話したい、この人なら……というのは、出会って五分くらいのうちにわかるのです。なぜって、いっぱい苦労やつらい経験をしてきたので、嘘がないことについて私は敏感なのです」「ほとんど皮膚感覚ですけど」と語ったのが印象的であり、かつそれは私の平素の臨床経験に照合してもまことに首肯できることであった。

自分自身の生き方を正直に見つめ、考えている人、言行に大きなずれがない人、あらゆることによい意味での関心をもち、自分を相対化して考える姿勢をもっていること、異質なものに対しても開かれていること、クライエントがどのような状態や状況にあっても、人として遇するという態度があえて意識せずともおのずと身についている、というような人を子どもは聴き手に求めているように思われる。大人同士の関係でも、もちろん実体としての質が一番問われるが、しかし、どこかしら大人同士の対人認知には、社会経済的位置、経歴などが影響を及ぼすことが皆無ではない。その点、子どもはより純粋に大人の人としてのあり方を問うているといえよう。

悩みをどう聴くか、聴き出すか、という視点に先駆けて、どういう自分であったら、子どもは悩みを語ろうとするのか、と密かに自問していること、自分について不断の省察を行っていたいと思う。

三　聴くという営みをめぐって

子どもの悩みによく聴き入る、ということはどういう要因によって成り立つであろうか。まず、語られる内容がその子どもの今の必然性から生じていることに想いを致し、批判や評価を性急にするのではなく、伝えられる一言、いや、ことばにならない身振り、表情からの小さな点のような情報をもとにそれにまつわる諸々の背景に想像を働かせて、その子どもの語りを大切にしたい。

聴いている自分は、語られる悩みの性質やそれにまつわる背景要因についていろいろ想像し、考え、理解を深めるという行為と、もう一人の自分はその子の語る悩みの世界を共有し、体験するような心地で聴くことが望まれる（自分の中に子どもと分かち合う自分と、他方、子どもと相互交流している自分と悩みを話している子どもとの関係やさらには自分と子どもの背景、つまり全体状況を捉えていることが望ましい。ただ、これは二律背反的で難しいことではあるが）。

こうすることによって、子どもの悩みにどう対応するのがふさわしいか、あまりにも苦しみや不安に子どもがより大きく混乱させられないための現実的方策を考えることもできるのである。

ただ、子どもの悩みに対しては、ハウツーやマニュアル化された回答を性急に用意するよりも、励ましやちょっとしたヒント、真摯に聴き入る姿勢によって支えるなどで、その子が自分の悩みを自分の課題として考えられるようになる。この過程にはいささかの難しさはあるけれど、考え抜くことを通して、不確定なことに向かって対応していくことに歓びを覚えられるようになることが望ましいのではなかろうか。

ある児童福祉施設を訪ねて、全員に講堂で自己紹介するように求められたとき、私は携わっている自分の仕事について、平易にそして簡潔に話そうとこころがけた。講堂を出ると、多動と粗暴で問題視されていた発達障害を抱えるある一人の少年が追いかけてきた。

「こころの健康って、何ですか？　ボク、ボク……」真剣な表情である。毎日、頻繁に注意を受ける自分自身に何やら触れているように見えた。こんな片言隻句《へんげんせっく》を大切にして問うことに感じ入った。私は少しのヒントを語り「よく話を聴いていてくれたのね、大切なことをこころにとめてくれてありがとう、あとは自分で折に触れて考えてみてね」と一瞬迷ったが基本的な考え方を語って余韻を残して別れた。彼が少し考える契機にしてくれるのではないか、とその様子から私はふと考えたのである。彼はじっと私を見つめてから駈けていった。

その日の午後、職員の方々に彼は「こころの健康とは？」と質問してまわったそうである。就寝前の日記に「いろいろ先生方に『こころの健康』について質問しましたが、ひとりひとり答えは違っていました。何だろうと悩んでいます」と書かれていた、と寮長先生が翌朝話してくださった。

辞し去る時、廊下を走って追いかけてきた彼は畳んだ紙切れをくれた。「大学の先生って、どんなものかボクにはわかりません。でも先生にも悩みやつらいことはあると思います。がんばってください。ボクもがんばります」。後日、施設の先生から彼は落ち着きが増し、考えるようになってきた、とうかがった。壁にぶつかったような想いに駆られるとき、ふっと彼の紙切れに書かれた文章を想い出す。

文献

村瀬嘉代子（二〇〇一）「子どもの父母・家族像と精神保健――一般児童の家庭像の一〇年間の推移並びにさまざまな臨床群の家族像との比較検討」児童青年精神医学とその近接領域四二巻三号（村瀬嘉代子（二〇〇三）『統合的心理療法の考え方』金剛出版、所収）

村瀬嘉代子（一九八五）「クライエントの側からみた心理療法」安田生命社会事業研究助成論文集21（村瀬嘉代子（一九九八）『心理療法のかんどころ』金剛出版、所収）

見えること・聞こえること・コミュニケーション

はじめに

戴いた標題は「見えるということ・聞こえるということ」である。だが、この特集が「視聴覚障害とそだち」であることからすると、視聴覚に障害をもつということの意味について、当事者をはじめとして、いろいろな角度から考えることが言外に期待されていると考えられる。

一方、視覚や聴覚に障害をもつ子どもを育てるうえでの、親や周囲に求められる配慮、教育のあり方、適応力を高めるための訓練などについては、それぞれ専門の諸家が述べられている（そだちの科学九、二〇〇七）。そこで、視聴覚の障害が、人が生存していくために必要不可欠であるコミュニケーションにどのような影響をもたらすのか、そして視聴覚に障害をもつ人々に対して社会や市井の人に望まれることについて、ささやかな知見をもとに綴らせていただくことにする。

一　視聴覚に障害をもつということ

江戸時代後期の国学者で総検校の塙保己一《はなわほきいち》は『群書類従』の他、多くの史料を編纂し、教育にも功績を残した。視覚障害者のピアニスト梯剛之《かけはしたけし》氏（ショパンコンクールでワルシャワ市長賞受賞）やヴァイオリニストの川畠成道《かわばたなりみち》氏、和波孝禧《わなみたかよし》氏など、比類ない技巧を基にこころに響く音楽性で聴衆を深く魅了してやまない。視覚に障害をもつ方々が音や空気の流れを頼りに、ある一瞬を鮮烈に捉えた写真を撮られることや、他にも視覚に障害をもちつつ、見事な業績を残した人々は多いし、鍼灸師という領域ばかりでなく、現に社会で所を得て、職業人として活躍されている人々は少なくない。

聴覚に障害をもつ人々のことを考えても、ベートーベンやスメタナは失聴後に、聴く人の魂を揺るがすような代表作のいくつかを作曲している。デフ・シアターの舞台上演やミュージカルで活躍するアメリカのスターも記憶に新しい。アメリカのワシントン州には聾唖者のためのギャローデット大学があり、公認会計士や弁護士を輩出させている、という。実際、わが国でも、さまざまな分野で自立的に生活しておられる方は多い。

さらに、盲聾唖者のヘレン・ケラーはサリバン先生との出会いによって、人として「ことば」に出会い、名門ラドクリフ女子大学を卒業して後、社会啓蒙家として、生涯にわたって、広く世界的に人々を啓発し鼓舞した。現に、わが国でも、福島智《さとし》氏は九歳で視覚を、さらに一八歳で聴覚を失われて、一度は全くの孤立した、氏自身の表現によると「光も音も全く届かない深海のそこに一人居るような」世界で深い弧絶感に苦しまれたが、偶然母上が指点字を創案され、それから他者とのコミュニケーションの道が開かれた。

氏は現在、東大先端科学技術研究センターの教授として、現代の先端科学技術の発展と人間にとっての真の尊厳ある生き方の関連について、鋭い洞察をもとに提言を重ねておられる。

さて、他方、テレビなどで、「障害は個性である……」と司会者が時としてさらさらと口にされるのを聞くと、そう考えることも大切であろうが、当事者がこころの底からそう考えられるのはともかく、第三者がわが身に引きつけて想像すること乏しく、一見安易に口にすることにいささかの疑問を禁じ得ない。これまで、心理的援助の臨床場面で、視覚に障害をもつ人や聴覚に障害をもつ人（ことに施設入所の重複聴覚障害者）にお会いしてきた経験を考えると、視覚や聴覚の障害が生きにくさをもたらす質のほどは、単純には言葉で言い尽くせないように思う。

二　思い至ること

大学生時代、二年間ほど、盲学校の寮へ週末、読書奉仕に通っていた。音読を依頼される本読みばかりでなく、運動やいろいろなゲームなど、さまざまに求められつつ過ごした時は、今振り返っても学ぶこと多く、楽しく意味深いものであった。

ただ、ふっと私の中の課題を感じたことがある。私は小学部と高等部の女生徒の相手を務めるように割り当てられていたのであるが、ある時、人手が足りず、高等部の男子の担当となった。ちょうど、石原慎太郎氏の『太陽の季節』が芥川賞を受賞し、当時としては新鮮大胆な性描写が話題になっていた。ある高校生男子が受賞作品だし、まだ点訳がない、読んで、と。私は、どうしても声に出して読めない箇所があり、遂になにやら理屈をつけて森鷗外の『高瀬舟』に変えてしまった。その高校生はとっさに私の躊躇を感じ取って、話題作を知るのを諦め、鷗外の作品解釈について深い洞察を語ったが、それは、私の気持を引き立てる心遣いもあるように感じられた。

こういうことは日常いろいろあるに相違ない、今日は申し訳なかった……、でも自分にとってはやっぱり……、申し訳なさと後悔、けれどやはり……、という複雑な気持でいろいろ考えた帰り道のことが、今も昨日のようである。

十数年前のこと、ある学会の自主シンポジウムで、聴覚障害者の心理臨床を取り上げるので、指定討論者をと依頼された。聴覚障害についての専門でもない私が指定討論者をつとめるとは、と、いたく躊躇されたが、現実には聴覚障害者への心理的援助の必要性は高いにもかかわらず、これに携わろうという人は少なく、この種のテーマには聴衆の集まりもはかばかしくないのだ、という。それで、ついお引き受けしたが、この自主シンポに先立つことほぼ一カ月間、私は自宅で耳栓をしたり、テレビの音声を消して「聞こえない」時間を経験してみた。もとより手話によるテレビニュースの理解は、新聞その他の視覚情報で補足されていたし、勤務先での生活は普通の状態である。そのうえ、私は自己表現の手段である「話すこと」は獲得している。そのような極めて限定された条件下の経験であったが、聞こえない状態で情報を得ようとすることは、こちらが意図的に能動的にならねばならず（通常、音は向こうから聞こえてきて、こちらの必要性に応じて選択的に、意識的、無意識的に聴きわけている……）、かつ聴覚以外の感覚を総動員せねばならず、おびただしいエネルギーを要することであり、しかも、そのように努力しても、溢れるような情報の量とスピードに対応することの難しさは、想像を遥かに超えるものであった。コミュニケーションにとって、「聞こえること」ということが、まさに決定的な意味をもつことを実感したのであった。

この経験を指定討論者としての発言内容に織り込んだところ、その席上シンポジストをつとめておられた中途失聴者で精神科医の藤田保氏は、私がこの領域にかかわり始めたことを喜ばれながらも、「それは可逆性のある失聴である！　私は永遠に聞こえない！」と。そう、いくらコミュニケーションツールが開発され進歩しようとも、また聴覚障害者自身が当事者として、ハンディを補う技を磨かれても、障害が非可逆的であるということは……。その時、私は浅薄さをいたく恥じた。

三　コミュニケーションと視聴覚障害

「ことば」や「コミュニケーション」は、人間が環境に働きかけ、さらに環境からの影響を受け取りながら、みずからを変容・成長させていくうえで基本的な役割を担っている。『広辞苑』によれば、「ことば」は「口頭もしくは書記による慣習的記号の体系であり、これを用いて人間が社会的集団の成員として、また、文化への参与者として伝達を営むものである」とされ、「コミュニケーション」とは「社会生活を営む人間の間で行われる知覚・感情・思考の伝達。言語・文字その他の視覚・聴覚に訴える各種のものを媒介とする」とされている。普通に健康に暮らしている私たちは、コミュニケーションについて、それを自明のこととして取り立てて意識しない。ちょっとした齟齬などありはしても、文字や音を視覚あるいは聴覚を通して伝えあうツールとして、さほど深く考えずに自在に使って当然というように暮らしているといえよう。

だが、言語やコミュニケーションの特質を考えてみると、人間にとっての五感、なかでも聴覚に障害をもつことは、大変なことであることが納得される。視覚聴覚ともに障害をもつヘレン・ケラーに向かって、何か心ない質問だと思われるが、「目が不自由なのと耳が不自由なのとどちらを選びますか？」と尋ねると、即座に彼女は「目が不自由なほうを選びます」と答えたという。これは、聴覚が人間のコミュニケーションにとって、いちばん基盤の役割を果たしているからであろう。

前出の福島智氏も一八歳時に視覚聴覚を両方失い、指点字の使用も始まらず、まったくの孤絶状態に置かれた時の経験を振り返って、人間にとって、食事や空気と同様、それなしには生きられないのがコミュニケーションである、とコミュニケーションの重要性を強調されている。

四　聴覚や視覚に障害をもつ人にコミュニケーションを保証する

現在、わが国には聴覚障害者は約三六万人、視覚障害者はおよそ二〇万人、盲ろう者は二万四千人といわれている。ただ、視覚・聴覚障害と括っても、その障害の程度、先天性の障害であるか、失聴や失明の時期、養育・生活環境、さらには聴覚障害や視覚障害をどのように捉えるかという教育、医療をはじめとする社会の側の受け取り方によって、視聴覚障害に伴う問題や困難さはまことに多様である。紙数の限定内で、その一端を取りあげてみよう。

1　聴覚障害者とコミュニケーション

聴覚障害者はみな手話を使える、と考えられているかもしれない。聴覚障害のほぼ九〇%が健聴者の両親の元に生まれており、教育そのものを受けてくる機会がなかった時代に育った方などは、ろう学校で仲間とのつながりを通して手話にふれる機会も逸し、独自の身振りやジェスチュアを習得している場合もある。

聴覚障害に加えて、知的障害、視覚障害、精神障害、肢体障害など、重複する障害がある場合（その組み合わせは二四種類にもなるという）、手話をコミュニケーション手段として使用できる人は二〇％にも満たず、ほとんどの人が独自の身振りやジェスチュア、指さしを用いている（山内 二〇〇五）。

コミュニケーション手段は個々によって多様であり、伝えたい内容を汲むには、伝え手と受け手、双方に想像力と努力が求められる。基本的に家族関係が良くても、家族の団らん場面や学校で皆が談笑しているときに、自分一人はその面白さを共有できない痛切な孤独。その場を切り抜けるために本当は意味を尋ねなおしたいのに、「わかった」と頷かざるを得ない状況。

口話法（相手の唇の動きや口形から言葉を読み取る）を会得したとしても（同じ発音、口形でも意味の異なる単語は多い……）、常に相手が正面で大きく口を動かして話す場合ばかりとは限らない。集団場面や横から話しかけられれば口話法は難しい。さらに、表情や前後の文脈からも類推し理解を補足しなければならないので、時に誤解も生じうる。また、一八八〇年の「第二回世界ろうあ者会議」を経て、「手話での教育を廃し、口話教育に移行すべき」との世界的風潮の影響を受け、わが国におけるろう教育でも口話法が近年まで主流となっていた。

口話法のメリットはあるものの、その習得は難しく、そのため習得の妨げになるとして、近年まで、多くのろう学校では手話が排除されてきた。その結果、手話を用いた自然なやりとりを妨げられ、聴覚障害者は自分の気持や考えを表現する経験が不足し、孤独感や不適応が増したという実情も散見される。コミュニケーションとは、単なる情報伝達ではない。人が相互に意思、感情、思考を伝えあうことである。聴覚障害者にとり、こうしたコミュニケーションの重要性が軽視されてきた現実がある。

また、手話を覚えればコミュニケーションは可能となる、テレビ放送にも手話放送がある、それで解決するのでは、と考えられがちかもしれない。だが、手話にも「日本語手話」と「日本語対応手話」があり、両者の文構造は違う。後者はテレビなどで用いられている本来の日本語の文構造に対応した手話で、中途失聴者や健聴者が学んで使う場合が多いのに対して、前者は先天的失聴者が多く使うものである。たとえば、後者は「昨日、私は学校に行って友達に会い、嬉しかった」という語順になるところが、前者では「嬉しかった、友達に会って、昨日、学校でね」という表現になる。手話にも、表現のニュアンスの違いがある。

また、日本耳鼻咽喉科学会では、従来「二歳以上、一八歳未満」と決めていた人工内耳適応基準を、一九九八年、「原則一歳六カ月以上、年齢の上限は決めず」と改訂した（二〇〇六）。早期に障害を発見し、残存する聴力を活用して「きこえ」を補償しようとする動きが見られる。ただ、ささやかな臨床経験ではあるが、人工内耳は、それで健聴者と同じ「きこえ」が回復すると第三者が考えるほど単純ではない場合があることも事実で、術後の状況は個々に異なるようである。

かつてアメリカでは聴覚障害者の親から生まれた子どもにとって、親子それぞれが自分のアイデンティティをどうもつかという論議が展開されていたが、医療機器の進歩の恩恵を受けながらも、人のトータルな成長発達にとって重要であるものを見失わずに、適切な援助を提供することが、心理的援助においても課題となろう。

2　視覚障害者とコミュニケーション

一方、視覚障害の場合には、聴覚障害に比較して、教育課程で抽象概念の会得が容易である、なども言われる。また、ヘレン・ケラーは「むしろ見えないことを選ぶ」（繰り返すがこの問い自体苛酷……）と答えたが、視覚障害者自身にとっては、そんなことではないようにも思われる。

先日、テレビで、全盲の少年が「くつろぐお父さん」と題して、横になってひといき休息している父親を撮影した写真が放映されていた。父親の呼吸音と部屋の空気の流れを手がかりにシャッターを押したという。父と息子の平素からの暖かな関係が、ひいてはその家族の確かな絆がおのずと感じ取れる写真であった。これには感じ入ったが、母親が「この子が『僕は一生、お父さんやお母さんの顔を見ることができない』と言って泣くと胸が痛むのです……」と話されたのに、私も胸が強く痛んだ……。『星の王子さま』の中に、「大切なことはこころでみるんだよ……」とある。ある意味でこの言葉は真実ではある。でも「大切な、大好きな親の顔を一生見られない」というその哀切な思いは、他者の想像の及ばないものではなかろうか……。

今、手元に『視界良好——先天性全盲の私が生活している世界』(河野 二〇〇七)という、心理学を専攻し、小学校での相談員や盲ろう者向け通訳者として活躍されている方が、率直にかつ具体的に記述された著書がある。この書中には、全く視力がない状態で、日々の現実世界がどのように体験されるのか、視力障害を日常生活の暮らし方の中で、どんな工夫で補っているか、機器の活用の仕方(音声パソコン、その他)などについて読者にわかりやすく記述されている。また、この著者は技術的な面に加えて、周囲の人々とのかかわりのあり方について思慮深く、諸事肯定的に、謙虚な姿勢で語られている。

このように表立って表現されることはないが、市井の中で、地味ではあるが真摯に暮らされる視覚障害者の人々から折にふれ、生活の仕方のさまざまな工夫と、晴眼者が多数を占める社会の中で、周囲と調和しつつ自尊心をもった生き方をされていることに触れ、そのつど学び、かつ頭を垂れる想いをしてきた。機器が生活の仕方を助けるといっても、たとえば、音声パソコンの操作は、視覚でなら一覧できることをひとつひとつ聴いて確かめていくのである……。

3　コミュニケーション支援の現状

また、非常事態の場合を考えてみよう。聴覚や視覚に障害をもつ人々の生活にはテレビが欠かせない。特に災害時には、正確迅速な情報は生命にかかわる。わが国では、総務省の方針により、聴覚障害者向けの字幕放送はこの一〇年間で急増した、といわれている。だが、手話と視覚障害者向けの音声による解説は、まだまだ普及していないのが現状である。字幕放送などについては、制作費の一部を助成する国の制度があるが、所管する総務省情報利用促進課は、「全体的な補助金削減の影響を受けている」とのことで、助成総額は減少傾向にあるという。

また、障害児を育てたお母さん方から、「書店の書棚にはあふれんばかりの育児書があるのに、障害をもつ子を育てるのに、支えとなる書物を見つけるのが難しかった」「障害をもつ子どもは健常児より、さらに個別化して考え、育てなければならないのが事実なのに、マニュアル的な話が多かった」という述懐をうかがったことも少なからずある。

子どもの特質とその折々の状態を的確に捉え、個別化した育児支援や教育を行うことが課題である。

五　精神文化の成熟――インクルージョンと分かち合い

養育や教育のあり方、医療あるいは療育の進歩によって、さらには行政の福祉政策の進展によって、聴覚障害者に聴覚を、視覚障害者に視覚を補償することは、今後改善していくことが期待されよう。また、そうあらねばならない、と痛切に思う。

ただ、そうした技術的進歩と並んで、私たち市井の人間、一人ひとりの意識の変容が、換言すれば、精神文化の成熟が望まれるのではなかろうか。健聴者や晴眼者が多数を占める社会で生きるには、そうした障害をもつ人々は想像しきれないような不便や時に孤独感を抱きつつも、現実社会に適応すべく過酷な努力を絶え間なく求められていることを、まずこころに確かに留めたい。

一〇年ほど前になるが、難聴児学級のある江東区立小岩小学校では、難聴児やその保護者の了解のもとに、「聞こえや補聴器についての学習を通して難聴児への理解を深める」、「補聴器の特性を知り、静かな環境作りを考え、実施する」ことを目的に、普通学級の生徒たちに「耳を塞いでの疑似体験をしてみる」「補聴器を着用して、その体験を発表し話し合う」という試みを行った。

その結果、普通学級の生徒たちは補聴器で聞こえの問題がすべて解決するわけではないことを知り、討論を経て、中古のテニスボールに切れ目を入れて各自のいすの脚につけた。これが校内すべての学級で行われ、結果として、椅子を引くときの雑音が校内からなくなり、これは難聴学級の生徒にとって、不快な雑音が減少したばかりでなく、校内全体に落ち着いた良い雰囲気が生まれた、という。ちなみに、生徒の椅子の脚に中古テニスボールを付けて、難聴児の聞き取りを少しでもよくする、という試みは都内でもいくつかの小・中学校に波及している（村瀬 二〇〇四）。

早く、大量に、均質に、上手に、という価値基準以外にも「存在の意味」ということを私たち一人ひとりがどれだけ汲み取れるか、そして、自分の時間、自分のエネルギー、自分のものとして所有するものをさりげなく他者と分かち合う、そこに気負わず意味と生きる歓びをどれだけ見いだせるか。このことを各自がみずからに問う社会が、障害者を支援するさまざまな技術の効果を、より確かなものにすると思われるのである。

おわりに、心理臨床家としてだけではなく、一人の人間として、次に引用する言葉の重さをこころに留めたいと私は思う。

「七七歳になったとき、ようやくヘレンは人前で次のように言うことができた。『わたしほど知っている人はいません――知りうるはずがありません――自分の能力の限界をにがにがしい思いで否認せずにいられぬ心境を。自分が置かれている状況についてわたしは自分を欺いていません。わたしが悲しい思いにも反抗的な気持ちにもならないのもうそです。でももうずっとまえに、わたしは不平を言うまいと決心したのです。致命傷を受けた者は他の人々のために朗らかに日々を生き抜く努力をしなければならないのです』ヘレン・ケラーほどわたしを惹きつけ、魅了した人に私はこれまで会ったことがない。……（中略）……見えざる鉄の囲いの中に彼女は座っていた」（コラムニスト、ウイル・タレシーの叙述引用。ブルーノ・ベッテルハイム「熟達した教師と非凡な生徒」『フロイトのウィーン』より（ベッテルハイム 一九九二））。

文献

ブルーノ・ベッテルハイム（森泉弘次訳）（一九九二）『フロイトのウィーン』みすず書房

「インタビューレポート『小児人工内耳適応基準』一歳六カ月以上に緩和――教育・療育の専門家との連携を強調」（二〇〇六）教育医事新聞、二六八、一二一二五頁

河野泰弘（二〇〇七）『視界良好――先天性全盲の私が生活している世界』北大路書房

村瀬嘉代子編（一九九九）『聴覚障害者の心理臨床』日本評論社

村瀬嘉代子（二〇〇四）『小さな贈り物――傷ついたこころにより添って』創元社

山内進（二〇〇五）「重複障害者の施設ケアに関する実態と課題把握のための調査」岡田喜篤（総括）（二〇〇六）「障害者（児）の地域移行に関連させた身体障害・知的障害関係施設の機能の体系的なあり方に関する研究」平

成一五・一六年度厚生科学研究報告書

司法・矯正領域において求められる心理職の活動

一 〈法〉と〈人〉

安定した生活は、基盤となる法による社会秩序の維持からもたらされる。近代国家はこの法秩序によって成り立っているといって過言ではない。しかし、このことが日常において意識されることは少なく、法の存在に気づくのは、むしろ故あって安全な生活が揺るがされるときであろう。平時は意識されがたいが、心理臨床という営みもまた法に支えられ、規定されてもいる。臨床心理学の専門家であっても、臨床家はまずこのことに自覚的でなくてはならない。

本稿では、独自の実践形態をもち、職域も多彩な司法・矯正領域において、その多様性に通底する心理職の課題と思われる要点を列挙・集約すると同時に、今後求められるであろう課題を問題提起することで、古くて新しい本質を確認しつつ未来展望をまとめる総論としたい。

二　社会とともに変容する心理職の専門性

近年社会の変容にしたがって、司法・矯正領域においてはさまざまな法改正がなされている。同時にこれに伴い、心理職の職域は拡大し、その質の洗練が求められ、新たな理論や技法が次々に研究・導入されている。矯正領域における認知行動療法の活用、離婚後の子どもの親権・監護権を巡る面会交流のための面接技法、事件にまきこまれ事情聴取を受けねばならない子どもの司法面接、出所後の薬物依存症者の保護観察付特別執行猶予における生活支援の技法、ハーグ条約（国家間の不法な児童連れ去り防止を目的とする多国間条約）締結に伴って実施される子の引き渡しを円滑に進めるための心理的支援、重大な刑事事件を犯した触法精神障害者への医療観察制度にもとづく専門的援助など、その実例は多岐にわたる。

これらに通底するのは、医療・福祉・教育など多領域を横断する支援という特徴であり、多機関・多職種連携を要するという特性である。刻々と変貌する状況に応じて支援もつねに形態を刷新すべきことは必然であり、そのため各職務の遂行にあたっては、単に既成の理論や知識や技法を身につけているだけでは事足りない。無論これは他の領域にも等しく求められる要件だが、司法・矯正領域に携わる専門職としての心理職には、実践しながら研修・研究を重ね、より実践力を高めていくための絶えざる研鑽が求められよう。

三　総合力と専門性の調律

かつて心理職の職務はアセスメント、心理面接、コミュニティ支援（当事者家族・地域等への支援）、研究・調査という四領域に限定され、各職務における専門性の追求が目指されていた。しかしながら近時の社会変容を受け、これに歩調を合わせて心理職の職域が変容していくことを展望するならば、心理職の職務が個別分化したスキルの習熟にとどまらないことは必定と思われる。

アセスメントを例に取ろう。ある一時点のアセスメント、ある一局面のアセスメントに携わっていたとしても、任意の一時点・一局面をもってアセスメントが終結するわけではない。心理職は、アセスメント対象者を取り巻く全体状況と事態の推移を視野に入れ、対象者への関与と支援という「全体」における自らの職務の位置取りを意識しなくてはならない。これを縦軸と横軸の相関図で理解することもできよう。縦軸は所定の手順に沿ってアセスメントが進行していく時間の推移を表し、横軸は心理職がアセスメントに携わっているのと同時並行して職務を遂行する他の専門職の活動を表す。この縦軸と横軸が織り成す相関性においてこそ、アセスメントはその機能を十全に果たす。たしかにアセスメントにおいて緻密にして精密な解釈を重ねることは重要だが、殊に司法・矯正領域において裁判官など他職種と協働するためには、縦軸と横軸を強く意識した複眼的な視野と思考は必須であろう。

別の角度から考えるために、ここで交響曲を演奏するオーケストラをイメージしてみてほしい。多機関・多職種連携チームをオーケストラとすれば、心理職はオーケストラの楽団員のひとり（たとえばヴァイオリニスト）として、まずは自らのパートを忠実に演奏するエキスパートであることが求められる。しかし自らのパートを忠実に奏でるだけでは交響曲の演奏は全うしえない。交響曲の総譜を完全に把握したうえで、曲の進行という縦軸、弦楽器や管楽器など他のパートの演奏という横軸と協調して自分のパートを調律しながら演奏できて初めて、交響曲は美しい調べを成して聴衆のこころに響くのである。演奏者は自らが奏でる楽器の奏法に精通したエキスパートであることは無論のこと、その曲の総譜が読め、その曲想を深く的確に理解できなくてはならない。

このメタファーを心理援助に還《かえ》せば、交響曲の総譜の読解とは、総合的なケースマネジメントの視点から事象を捉える「総合力」に相当するといえよう。心理職が真のエキスパートであるためには、総合的なケースマネジメントによって全体状況を把握し、多機関・多職種との円滑な連携を図り、その前提のうえで求められる専門的スキルを発揮しながら個々のケースに当たることが肝要である。

四　二律背反という状況のなかで

司法・矯正領域における心理臨床は、必然的に、ある「二律背反」に遭遇することを余儀なくされる。法によって下支えされた公権力に依拠しながら、しかしそれだけを恃《たの》みにすることなく、個別の対象者に対応するという二律背反である。司法・矯正領域の心理臨床において出会う人々は、やむにやまれぬ事情から手を染めた非行や犯罪ゆえに、自身が望まぬ面接に臨むこともあり、ある種のスティグマを負っている。反社会的行動が招いた不利益によるスティグマを負い、それゆえ支援者を脅かし威圧しようとすることも稀ではない。だが表に見える不遜な、あるいは反抗的な態度とは裏腹に、自分の存在に幻滅と失望を抱いており、自分を取り巻く境遇に絶望している人に、では心理職はどう向き合うべきだろうか。法が規定する職権に基づいて相手の生育歴、家族歴、犯罪歴を遺漏なく確認しながら、しかし相手におもねるような優しさからではなく、その人の心の奥底にある傷、痛み、失望、絶望、苦しみに対して適切な距離を保ちつつ、的確な想像力をもって察することが求められる。これは極めて二律背反的な営みである。

相手に過剰に感情移入すれば自らの立場と役割に揺らぎを来す一方、公権力・職権に大きく依拠して事を進めようとすれば、相手の心の奥底に潜む、自身の課題に真正な気持で向き合おうとする姿勢の自生をもたらすことは難しくなる。すべからく司法・矯正領域に携わる心理職は、この二律背反を本質的課題として引き受けなくてはならないが、この相反する側面に偏りなく注力することは容易ならざる業でもあろう。しかもこの営みは、心理療法やカウンセリングの技術が主眼ではない。あくまで家庭裁判所調査官や法務省、警察の心理専門職者という職務のなかにおいて、人間的出会いを両立させるという容易ならざる関与であるが、これが望ましい質の高い関与のあり方ではあるまいか。

かくして真正な姿勢で相手の言葉に聴き入ること、緻密に粘り強く尋ねることによって、当初明瞭ではなかった刑事事件や民事事件を巡る「事実」もやがて明らかとなる。無論、罪は罪であり消え去ることはない。だが、たとえ法に規定される罪を抱えていようとも、人として遇されることによって、罪を抱える人もまた、自覚せずにいた自分自身の真の課題を引き受け見つめる契機を得ることにもなりうるのである。相手に取り入ることなく相手の琴線に触れるという二律背反を乗り越えるような面接場面を創り出すということは、古くて新しい課題である。二律背反状況を生き切る「鬼面仏手《きめんぶっしゅ》」は、司法・矯正領域の心理臨床の多くの局面で、その基底において求められているように思われる。

五　聴くことの力

ここでひとつの事例を挙げよう。両親の離婚に伴う子どもの親権・監護権の帰趨を巡る争いの民事事件において、児童心理学や臨床心理学の知見に基づいて考えるべき事案と判断した裁判官から私が受命した、わが国で初めてという親権者・監護権者決定のための民事鑑定の一端である。

高度な専門職者の両親は、離婚については概ね双方同意しつつ、長男六歳、次男二歳半の二子についての親権・監護権者になることを強く主張して、長期に及んだ家事調停は不成立に終わっていた。家族の生活破綻の責を相手に帰そうと壮絶に争う両親を見て、長男は自分の気持を表明せず「良い子」として大人たちに心配をかけまいと努めていた。民事鑑定開始時には、長男は母親および母方祖父母と同居、次男は父親および父方祖父母と同居し、両親共に双方の子どもとの間に交流なきまま長期を経ており、二人の子どもに対する両親の関係の質を探る相互面接交流場面が、裁判官との協議により設定された。

まず、鑑定人の私と母親がワンウェイミラー越しに、父親と長男の交流の質の様子を観察した。久しぶりに再会した父親が長男に両手一杯のおもちゃをプレゼントし、キャッチボールに誘うと、長男は表情を押し殺したままこれに応じた。重苦しい空気の中、父親は自分を奮い立たせるようにボールを扱うコツをあれこれ長男に向かって指南した。長男は表情を変えずに父親とは視線を合わせずにいたが、しかしその示唆には耳を傾けている様子であった。設定された時間は瞬く間に過ぎ、長男は軽く会釈しておもちゃを置いて部屋を出ようとしたが、父親から「みんなあげようと思って持ってきたんだよ」と追いすがるように言われ、おもちゃを両手に抱えて部屋から出てきた。そして別室で様子を観察していた母親のもとに戻る際に、父親からのプレゼントをそっとドアの外に置き、何も持たずに母親の待っている部屋に入室したのである。

母親との生活に特に不満や疑問を口にすることなく、学校でもいわゆる良い子である長男は、父親が束の間に必死に見せたその思いを汲みとって、両親の気持の狭間にあって大きく揺れたのではあるまいか。彼を迎えて私は語りかけた。

「本当にご苦労でした。普通の無事の生活ではないような場所と時間に、お父さんに久しぶりにお会いして、しかもこれからのお父さんやお母さん、A君とBちゃん（弟）がどのように暮らして行くかを決める裁判所に係わる私どもが傍らに居て、一言では言い表せない気持だろうと想像します。私が言葉にしても、A君の気持をぴったり正確には表せないし、また、軽々しくわかったようなことを言うのは非常に失礼なことだと思う。今頃、同じ年頃の友達は遊んだり、塾に行っていて、先ほどのA君の経験や気持など想像したこともない無事の生活をしているのに、本当にご苦労様でした……。大変な経験をしたと思うけれど、この経験をしっかり活かそうと生きていけば、こころの深い素敵な大人になれると思う。また、そうあってほしいと祈っています……」。真剣な面持ちで私の話を聞いたあと、彼は、黙して何も語らぬままにうなずき、しかし普段は決してそうしないにもかかわらず自ら進んで母親の手を取り、二人手をつないで部屋を後にした。

数日後、ワンウェイミラー越しに母親と次男の交流を観察する機会がもたれた。母親は「元気？」とひざまずいて次男に視線を合わせて話しかけるが、まだ幼い次男は母親を忘れており、抱きかかえようとする母親を拒み泣き叫んだ。「そうよね、知らないおばさんに話しかけられたら驚くよね……」とつぶやき、母親自身の申し出によって予定時間より早めに終了となった。「忘れていて見知らぬ人から〈お母さんよ〉と言われたら次男は混乱するのではないか、判決の行方は……と考えると名乗りたい気持を控えました。次男が元気らしいことをせめて有難く考えようと自分に言い聞かせました……」と母親は静かに瞑目して述べた。

二度の相互面接交流を経て二人の子どもたちの親権者・監護権者として母親がふさわしいという判決が下された。しかし母親は、父親と相応の関係を築いていた次男を父親から引き離すことを良しとせず、裁判には勝訴したものの、次男に対する親権・監護権を父親に譲った。

少なからぬ時間が過ぎた。父親は再婚、母親は独身で長男と暮らしている。母親は一度だけ中学進学時の次男と再会した。父親から「古い知り合い」と紹介された彼女に「おばちゃん、どこから来たの？東京？行ったことないけど、東京ってここから遠いの？」と語りかけた、おっとりして大切にされて田舎で暮らしているかつての我が子を見て、母親は自らを名乗らぬことで、その穏やかな生活をそっと護ろうと思ったのだという。成人した長男はあるとき突然、「あの先生に会いたい。ほら、あの〈わかる〉人だよ」と母親に尋ねた。母親は咄嗟にそれが誰をさすか閃いた。高等教育を終える節目、十数年ぶりに「自分の気持を確かめ、これからの人生をよく生きたい……」とA君は一度訪ねて来た。

安易なコメントは控えたい。ただ、人の話をニュートラルに聴くこと、語りかけている相手の必然性を大切にしながら語ることは、たとえ子どもであっても受けとめられる。語りかけられる言葉を受けて、静かに母の手を取りその場を辞した長男の姿勢に、そのことを感じるようでありたい。エキスパートとしての心理職には、情報をあますところなく収集しようとする聴取力ばかりではなく、一瞬一瞬に集中力と誠意を込め、知識と想像力と経験を総動員して、その一瞬のうちに込められていることを真に聴くことが求められよう。

六　問いつづけること

司法・矯正領域における心理職の職域では、実際、現在進行形で協力可能性を打診されている領域も存在する。このような現状にあって、つねに現実の要請に対して的確に応えるべく、多面的に事象を捉え、多次元かつ多軸で考え、その結果を適切にまとめ、総合理解を進めながら対象者に働きかけるということが、今後一層求められることになろう。そのための人材育成と能力開発は、研究・研修における今後の重要課題と思われる。

司法・矯正領域ではさまざまな職種が同時並行的に対象者にかかわる場合が多い。時に心理面接に対して自発的に参加するのではなく、法と公権力に半ば強制されて面接に臨むケースも決して少なくない。この難しい状況のなかで心理職は、つねに自分の立ち位置を全体状況との照合によって確認しながら、法と人を巡る二律背反の営みのなかで、バランス感覚を保ちながら働かなくてはならない。

罪と人に相対する

一　事実の不条理を見つめる——臨床家の基本姿勢

図らずも罪を抱えた人に相対するにあたっては、まずは人を人として遇することがアルファにしてオメガとなろう。しかし人と平等に相対するという営みは決して易しいものではない。社会防衛の観点から見れば一概に忌避されるべきものとは限らない病には「同じ病を我が身に宿す可能性がある」と想像が至りやすい。だが一般に、罪とは社会防衛の観点から忌避されて然るべきもの、自らの境遇とは不連続のものであり、罪を抱えた人は世の人々の共通感覚から外れた「他者」であるという連想を生じやすく、「自分もいつか審問されるかもしれない」と思い至り難い側面は否定できない。仮に、罪に至る必然性が認められる境遇・状況・環境は実在すると理解できたとしても、帰結を想像して未然に自らの行為を自制するのが常であり、この社会通念こそが犯罪への忌避を成すとともに社会防衛を可能にすることは首肯されよう。

そうであるならば、罪ある人に相対する臨床家の基本姿勢はどのようなものであろうか。ここで大切なのは想像力であり、罪を抱えることなく安寧な日常生活を享受できるのは、自らの努力や才能といった個人の資質に還元され得ない有形無形のベネフィットに守られているが故と知ること、ある人には幸運が授けられ別の人には不運が与えられる人生の不条理と「無常」（中井 二〇〇六［二三〇頁］）を知ることが、すべての基底にある。そのためには、現在の自分を存在させている僥倖《ぎょうこう》に思いを馳せ、自らと等しい恩恵に与《あず》かれずにいる他者を想う、人としての基本の彫琢が求められよう。

そのうえで専門職としての心理臨床家は、尺度や基準や法律によって量的に測れる「客観的事実」は無論のこと、罪を確定する根拠としての事実とは異なる、罪を犯した当事者個別の真理を帯びた「主観的事実」をも真摯に見つめなくてはならない。たとえば、ある日を境に死刑囚となった子の訴えを否定せず、その言葉を信じつづける母の姿を思い描いてみてほしい。この母子にとっての「事実」とは果たして何を意味するのか。独善的な主観だと切り捨てられない、どこか救いを求めるかのごとき心情とも綯《な》い交ぜになったこの「事実」の意味を考えるとき、「事実」とは主観（当事者にとっての個別的真理）と客観（当事者が帰属する共同体において通用する普遍的真理）へと容易に分離できるものではなく、むしろ限りなく主観に近くありながら微かに客観と接するものであることが諒解できよう。また、時代精神と社会環境を背景にして、事実の意味の捉え方には微妙な違いがある。死罪に処せられた吉田松陰の行為と存在が、明治維新、日本の近代化の契機をもたらしたと後世に評されたりなど、この問題は難しい。このように「事実」は輻輳し、善悪という価値基準で単純に割り切ることができず、それを見つめる眼差しに応じて移ろうからこそ、罪ある人に償いが訪れる瞬間は、当事者ならざる者からは予期しえぬ時間と映るのだろう。

二　彼／彼女たちは何を見るのか——「私」との連続性の自覚

では、罪を抱えた人は、私たち心理臨床家をどのように見つめているのか。罪を負うことは自らの人生と無縁であると信じて疑わず、罪ある人を外部にあって異質の存在と考え、「彼／彼女たち」と「私たち」との間に確固とした壁を築こうとする姿勢が仄見えれば、彼／彼女たちは「私たち」に敵愾心《てきがいしん》さえ抱くかもしれない。一方、罪を抱えた人との連続性を自覚しながらも、殊更にそれを強弁せず、「生きるたしなみ」のようにその自覚を備える「佇《たたず》まい」が伝わるとき、彼／彼女たちは緩やかに心をほどくこともあろう。

ある法律家は担当する加害者の調査に際して、司法に係属するまでに至る加害者の生い立ちを聴き取る一方で、自分自身の生い立ちを振り返ることを常とされているという。法曹という立場とそれを超える立場とが融合した絶妙な、臨床家としての基本姿勢にも通ずるこの営みには、おそらく近道も王道もない。目の前の人を一方的に対象化する技術の研鑽にのみとらわれるのではなく、偽らず飾らず、虚心坦懐に相手へと我が身を呈することにより、これに感応した相手は自ずと反応を生ずることになるのではあるまいか。

三　素直さ、正直さ、真摯であること

ここに、一見深い裂け目と思われる「彼／彼女」との間に、人としての繋がりが生じる機微の例を挙げてみよう。

父親に遺棄されて母子家庭に育ったその長男は出会った当時、高校三年生であった。妹にあたる長女は

重篤な知的障害を伴う発達障害を抱えて長く不登校にあり、これに小学校高学年の次女を加えた三人の兄妹は、病弱な母親の元を離れて施設で生活を共にして養育されてきた。長男は地域のスポーツ大会で入賞したこともあり、高卒後の就職も内定していた。

だがふとしたことから次女は兄の「ある行為」に気づく。次女は迷ったが、未遂に終わりはしたものの事の重さを考え、夜陰に乗じて性的非行に及ぼうとした兄の行為の次第を職員に告げた。施設は措置決定機関にも報告し、施設職員や関係機関では長男に事の次第を問うが、彼は固く否認するか黙秘し続けていた。自分の行為を認め、反省のきざしが見えるなら引き続き受け入れをも考慮する余地あり、と関係者らは考えられたが、件の長男は黙秘し続けた。このままでは措置変更もと迷い考えつつあるさなかに、関係者等は長男が私に会うことを思いつかれる。私にはそのような目的で彼に会い、問いかける資格も権限もないと固辞したが、度重ねての求めに強く躊躇しつつも施設職員に伴われてきた長男に会うことになった。

無表情の長男は鉛の服でも纏っているような重たげな所作で、施設のなかで親身に彼の担当を務めてきたという職員と共に席に着いた。自己紹介の挨拶をして、職員に退室してもらってから、私は語りかけた。「今日、来室された目的については施設や関係機関の方に説明されてきたでしょう。私は本来あなたにお話を聴く（訊く）立場というか役割としての権限はない者です。でも故あってあなたのお話を伺うことになりました。私なりに精一杯真剣に聴こうと思っていますけど、私に何をどう話されるか、あるいは黙っておられるかはあなたの選ばれることです……。今日、あなたが問われていて否認されていることがらについて、私からお伝えしておきたいことがあります。性被害に遭うか、薬剤を浴びせられて顔が焼けただれるか、そのいずれかを逃れられず採らなくてはならないとしたら、辛く苦しみはしますが迷いなく私は後者を選ぶということです……」。内定していた就職口も反故になり、おそらく施設変更の可能性もあると知っている彼にとって極まった局面であったろう。沈黙が一瞬流れた。「今まで嘘ついていました……」。事実を認めた彼は、それに止まらず、母親と二人の妹との生活のなかで、発達障害を持つ妹を慰み者にしてきたと告白した。「長女が障害を抱えたうえに今全くひきこもって暮らしている責任は自分にある、自分の罪は施設へ来る前から始まっていた……」。自分の立場をますます厳しいものにする予想だにしなかった彼の告白に、私はただ「あなたの犯した事実を変えることはできないけれど、あなたの告白には救いもあるように思われる。自分の行為を認めたあなたは人としての自尊心と責任感を忘れていないのだから……」と応えた。彼はぽつんと呟いた。「施設へ入る前からずっと長い間、人としての会話をしてこなかった……。聴いてくれる人は居なかった。今、人と話した……」。

事の次第を知った施設と関係機関は彼をそのままの措置継続とし、立ち直りと巣立ちに向けての支援を手厚くした。入所以来、その重篤な状態がほとんど器質的な要因に負うものと考えられていた長女には、新たに医学的診断を含むトータルな見立てが行われ、それまでにもましてきめ細かにかかわりがなされるようになった。やがて長女の登校が始まり、全体像は改善していった。次女はいつかありのままの話ができる日が来るまで、兄とは距離を置きたいと語り、ひとまずの落ち着きを取り戻した。

見るも劇的な変容を遂げる長男の様子を目の当たりにした施設職員からは、彼の変化を促したことへの驚きの声が上がった。だが、むしろ私はこう考える—私は彼に淡々と事実に即した言葉を伝えたにすぎない。話を聴く権限も決定を下す資格もないまま、仮想の二者択一の問いにおいて自分が性被害を斥《しりぞ》けるだろうと応えた人としての率直にして正直な言葉であり、どこかしら微かにある、罪を負う彼との連続性の自覚から自発した言葉でもあった。そして彼の言葉もまた、私の言葉に照応して自然と紡ぎ出された素直で正直な言葉だったのではなかろうか。

四　人は犠牲によって在る——加害者臨床における臨床家の資質

ここで今一度立ち止まり、あらためて加害者臨床における臨床家の資質を考えてみよう。対象や領域の別を問わず、もとより対人援助とは功名や名誉とは無縁に人知れず行われることが前提を成すだろう。そして人の生は関係性の網に内在すると同時に、動植物をはじめ森羅万象の犠牲によって成り立っている。人はいかなる犠牲も生まない独立不羈《ふき》では生きられず、たとえ刑事事件の被疑者として司法機関に係属せずとも「間接的な罪」の上に生きているという前提の自覚は、すべからく臨床家の基本的資質に含まれるものではなかろうか。先の事例のように自らを不利に追い込む余罪までも語った言葉は、この基本的資質を以って罪ある人に相対する臨床家の率直な佇まいに誘われた、偽らざる自発行為であろう。

一方、政治的疑獄事件ともなれば犯人がひとりとは限らない。自分以外のスケープゴートが世に供され、直接の罪人になることを免れたとしても、自らがその罪の係累であることをひとり自認する者は、内なる声の審問から解き放たれることもなく、止むことなく「疼《うず》き」「疚《やま》しさ」が心に兆すであろう。このように臨床家は、ひとりの個人が抱える罪が決して単純明晰なる姿で存立しえない場合も少なくないことに、留意が要るのではなかろうか。最終的に司法的係属へと帰結することもしないこともある罪の「深さ」を知悉するためには、安全なる高みから罪ある他者を眺望する視線ではなく、自らの生との微かな連続性を自覚し、罪を抱えるに至った彼／彼女をはじめとする不遇の人々の犠牲によって今の自分が在るという可能性に、ひそかに畏れ慄《おのの》かなくてはならないのであろう。

五　判断の精度を高める──輻輳する罪と臨床判断

多くの場合、ひとつの罪はひとつの要因から成立するものではない。心理臨床家はつねに、自らが罪の可能性からすべて免責された聖なる存在ではありえないこと、ある僥倖と偶然に守られた結果、罪なき人として今この刻《とき》を生きる存在であることに思いを至らせたい。個人の才能や成功という表面化した現象は、そのすべてが個人の努力の所産というわけではない。不可視の地下層には成功や幸福の可能性を奪われ罪を負うこととなった無数の人々が潜んでいる。だからこそ罪ある人に相対するとき、彼／彼女による過去の行為を客観的に測り伝えるための知識（general arts）が求められる一方、事実にも自分にも相手にも率直で正直になる純度の高い感性と思惟が求められる。

かつて家庭裁判所調査官だった頃に出会った一人の少女のことを思い出す。都市部から遠く離れたある地方の「喫茶店」で住み込みの店員として働いていた彼女は、同僚から盗みを働いた罪に問われていた。面接の場で、不満と怒りの表情一杯で押し黙る彼女を前にして、「調書にある『喫茶店』とは？　彼女はどんな生活をしていたのか？」、その実態を知ることがまず必要なのだと咄嗟に思い至った。私は喫茶店と送致された調書に記されていた店を早朝訪ねた。若い女性たちが狭い一部屋に雑魚寝状態で寝起きしていた。誰もが安堵する居場所なく事情を抱えてここへ流れつき、喫茶店のウエイトレスとは名目で、風俗の仕事をしている（させられている）。あたりには朝の空気というより、よどんだささくれだった空気が充満し、しかもそこに働く女性同士の折り合いの悪さが露骨であった。私はこの場にたどりつくまでの少女の来し方を想像した。そして、ここではお互いに同僚の金品を盗んだりしているのではと、ふと思った。

再度少年鑑別所に少女を訪ねると相変わらず不貞腐れた面持ちであった。「私のこと、経験浅く、頼りない調査官だと思っていることはわかります。あなたの職場を朝早く訪ねてきました……。あそこへ行くまでの月日、そしてあそこで働いていて大変だったのだろうと……」。少女は視線を上げて、心安んじることのなかった家での生活、店は想像だにしていなかったところであったうえ、従業員同士がお互いに金品を盗み合っていた、自分ばかりが要領悪く逮捕されたから腹立たしい……と堰《せき》を切ったように語った。

私は少女にこう言葉をかけていた――「今回のことで運悪く自分だけが逮捕されたとあなたが憤っていることはわかります。世間には不条理なことも多いけれど、それを運命と甘んじてただ受け入れるだけでも、また我が身の不遇を嘆き非難し憤るだけでも、人は人としての尊厳、本当の誇りを失っていくのではないかしら……」。やがて少女は罪を認めるに至り、「自分のしたことはしたことだよね。勉強も何もかも手つかずのまま流されてきた。落ち着いた生活をして勉強し、何かを身につけたい」と少年院送致を言い渡された審判のあと、少女は立ち去り際、こちらを直視して語った。

六　客観と主観の「汽水域」

幾度にもわたって強調してきた臨床家の資質、すなわち「畏れと慄き」「素直と正直」とは、決して思考停止を意味するものではない。むしろ時に足を使って考えながら事実と真摯に向き合うことを意味している。罪ある人を巡る臨床に携わるうえでは、客観的事実に当たらず主観的推論だけで理解を形成することも、逆に客観的事実のみを頼りに判断することも、厳に慎まなければならない。故あって罪を負うことになり、時にその罪が深まりを見せていくのは、個人に帰属する能力や裁量を遥かに超えた不運や誤解が積み重なったときでもあることを、そして生涯において他人から認められない不遇が続けば人は変化の糸口までも失いかねないことを、臨床家は折に触れて確かに想起したい。そして罪ある人への臨床において、客観にも主観にも分類できない「汽水域」のような事実に相対しているということにも思いをいたしたい。臨床家は、そのたびごとに相対している罪と人に想像を巡らせ、同時に自分自身の存立基盤にも観想を巡らせなくてはならない。自らにも、目の前の相手にも、そして「事実」にも目を背けず、畏れ慄きながらも熟慮し正直であることが、罪と人に相対するという臨床の営みを光ある方へと導くのであろう。

文献

中井久夫（二〇〇六）「村瀬嘉代子さんの統合的アプローチに思う」村瀬嘉代子ほか著／滝川一廣、青木省三編『心理臨床という営み―生きるということと病むということ』金剛出版

子どもを育てるという経験

――生き直し、楽しみ、学ぶ日々――

近年、「育児不安」「育児によって追い詰められる」など、という言葉に屡々《しばしば》出会う。「育児とは負担なこと」というささか被害的なニュアンスが漂うようでもある。たしかに育児は楽しみや歓び、希望ばかりではない。戸惑い、苦しみ、悲しみ、自責などを感じさせられる場合もある。子どもを育てるという経験が私にもたらしてくれたものを綴ってみよう。

まず、生後二カ月の健康相談で来訪された保健師さんとの出会い。小柄でキリッとした定年間近いというその方は、

「赤ちゃんのお母さんを早く呼んでいらっしゃい」

〈はあ、私ですけど〉

「あら、子どもも子どもしたお母さん……」

〈?-?-〉

しばらく私を凝視されてから、

「仕事お持ちですね、育児と仕事とをどうするおつもりですか?」

〈……あの、勤務先では勤続を求められてますが、育児を手伝って下さる人が容易に見つからなくて……〉

「家にばかり居たくない、外へ出たい、などというレベルの考えでなく、何をしたいのか、それは他の人から見て、あの人を助けてあげたい、と思われるような仕事ぶりであれば、きっと育児を助ける人は見つかるものです」

衝撃であった。爾来《じらい》、この言葉は私の胸の奥に静かに響いている。

病弱であった私は幼稚園へ行かず、幼児期に子ども同士で遊んだ経験がほとんどなかった。小学校入学後は疎開、次いで大戦終了後は生活が一変。一人で活字に溺れ、想像を巡らしていたように思う。だから、幼い長男のもとを同年齢から少し年上の子どもたちが遊びに訪ねてくるときは、今想えば私自身が子ども時代を子どもと一緒に生き直していた面もあったように思われる。

ご用聞きの人に、「塾をされているのですか？　玄関に小さい靴が一杯ですね」と驚かれたりもした。家の中が多少汚れても、翌日の分もと焼き上げたパンがたちまちなくなっても、「今という時期はもう二度と味わえないのだから……」と思った。そのうち、私は息子の母親としてそこにいたに過ぎないのに、訪ねてきた子どもたちは一緒に遊びに加えてくれるほかに（このときは私を大きな子どもとして遇してくれていたようだ）、問わず語りに彼らがそれぞれ抱いている想いを語りかけるようになった。

聞かされた内容をみだりに告げず、私は一人胸中に納めていたが、子どもというものは見かけより自分にまつわる大切なことについては真剣に考えていること、ときには人知れず胸を痛めていることを再認した。大人はつい「子どもの言うことなんか」「子どもだからわかっていない」などとひとくくりにして考えがちだが、実はそうではない。生きることに真摯だ。弟が生まれたことへの喜びと一寸したねたましさ。

妹のほうが努力しなくてもすいすい何でもできてしまう悔しさ、悲しさ……。自営業の父親の苦労……。サッカーのレギュラー選手になれるかなれないか、すれすれなので頑張っている、でも素質は足らないみたい……。

子どもたちの語りにさりげなく耳を傾けていると、彼らの一〇年に満たない人生にも、それぞれに健気な幅と奥行きのある歴史が息づいていて、こころうたれた。もちろん、一寸した揉めごとは起きた。だが、そういうことも含めて、子どもたちとのやりとりは私の息子や私にとって生活が広がり、深まる、豊かになる経験だと思われた。

大戦時という落ち着かない時代を経た者として、もっとゆとりをもって音楽や美術の世界に親しむ経験をもちたかった、と考えていた私は、わが子には美しいものの世界に早くから豊かに開かれていってほしい、という密かな願いがあった。しかし、音楽会へ伴うと、さすがに静かにしてはいるものの、幕間《まくあい》に、「あと少しでお家へ帰れる？」と眠たげな顔での問い。終演後もさほどの感興を覚えないらしい表情。他方、ウルトラマンやガッチャマンの歌を振りを付けながら歌っているときの彼の表情の何と精彩に満ちていることか……。読書より戸外で虫取りに活き活きと興じる様子。「こちらのお家なら色白で小公子みたいな子どもさんが出てくるのかと思ったら、畦道で遊んでいたみたいな土の香りのする子どもさんですね」とは来客の言葉であった。子どもは別個の人格を備えている、思い通りに物事を運ぼうとしてはならない、ということを観念ではなく、現実にしたたかに知った。

子どもの意図的とは思われない、素直に事実をして語らしめる、という言葉に気づかされることは、抵抗なく自然に自分を振り返る契機となる。小学二年生の息子はあるとき、ふと呟いた。

「お母さん、このごろ笑うこと少なくなった……」

義母との生活でいつしか優等生の嫁を演じよう、落ち度なく、と私はどこか過剰に緊張していることにはっと気づいた。そうだ、家族がそれぞれ自分らしく自分を発揮しながら、でも調和をもって協調して暮らすことが大切なのだ。「自分さえ忍耐すればよいのだ……」と内心、自分を過剰に抑制した生き方はなにか不自然で、かえって周りの者を緊張させることもあり得るのだ、と自覚した。

「周りを活かし、そして自分もほどよく生きる、そのバランス感覚を考える」

私はその後、折々に自問を繰り返してきた。

子どもが成人するまでに、いかに多くの人やことによって、支えられ助けられたことであろうか。思い返すと枚挙に暇がない。それはいわゆる世に言う「先生」と呼ばれるような方々によってばかりではない。年齢も、職業も、生活環境も、実に変化に富むさまざまな人々であり、なかにはなかなかにスリリングな局面もあった。

育児とはもちろん、子どもが「生まれてきてよかった、この世は生きるに値する」とみずからの生を肯定し、なにがしかの意味を社会にもてるような存在に育てることであり、その責任を親は基本的に負っている。だが、育児は親が子に与えるという営みだけではない。親も世界が広がり、広い意味で多くの学びを得る、人として育ち直る機会を含む過程だと思われる。

子どもの誕生について、「授かる」から「作る」と語られるようになって久しい。だが、地球上に生命が誕生して以来の歴史、ヒトの連綿とした今日までの歴史、その小さな一点である今の自分や子どもであることを思うとき、おのずと命や育ちという営みについて、畏敬の気持ちが湧出してくるように思う。「育児」とは喜怒哀楽を包含する豊かな貴重な営みだと思う。

ＡＤＨＤとよばれる人々に出会うとき

あまりにも普通のことで恐縮であるが、臨床において、人を理解するには生物・社会・心理的視点から、要素分解的ではなく、全体的存在として理解することが基本であろう。その上にその個人の特質や課題に即応した理論や技法をどう適用するかという思考が展開するのだと思う。だが、何か新しい概念を識った時、それによってそれまで混沌としているかに見えたり、対応に戸惑いが見えた現象に理解の曙光が差したかに思われると、ついその概念で、現象の全てが分かる、と早合点するところはないであろうか。あるいはさまざまな要因が輻輳している現象の中から、その概念で説明がつくことを抽出してそれで足れり、というようになるおそれがなきにしもあらずである。

たとえば、ＡＤＨＤという概念が広く識られるようになって、それまで心がけの問題、親の育て方の問題、といった当事者をいささか糾弾することに重きが置かれがちであったことから、より的確にどう対処したらよいのかという現実的問題解決志向へと方向が変わりつつあることや、いたずらにいわゆるＡＤＨＤとよばれる子どもやその家族への非難が和らいだかにみえるのは望ましいことではある。

しかし、一方、よい方向への進展ばかりでなく、なまじ概念が表層的に用いられて「彼はＡＤＨＤだから、まあそんなもの……」とか、「どうせ俺はＡＤＨＤだ」と周囲の諦めや本人の自棄的気分をもたらして意味のある努力をしない言い訳になっていること、はたまた、生物学的素因に由来する本体のＡＤＨＤの顕れに、さらに環境要因などが付け加わって状態像が悪化しているのに、その環境要因について考え、改善する努力がなおざりにされている、という場合も散見される。ある個人の特質は一つの概念で説明しつくされるものであろうか、いささか疑問である。Ａ君はかくかくしかじかの特徴があって、かつＡＤＨＤでもある、というようにＡＤＨＤと言われる子ども一人一人をよく観察してみることを大切にしたい。

一方、薬物投与のもたらす効果、それを必要とする症状を見落としたり、安易な心因論で状態像を理解してこと足れり、としてはならない。そもそも事象に対して、生物、社会の順に除外診断的に理解を進め、そのあとに心理的原因を考えることが現実に即していると思われる。だが、生物学的に脆弱性を持つ人はその脆弱性ゆえに社会、心理的な刺激に対して耐性が低く、影響を受けやすい。「多動」「衝動性」「不注意」などをもたらす原因はいろいろありうるので、必ずしも単一の疾患によるとは言えないであろう。生物学的素因による状態像と見立てるや、直ちに心理的援助は効果がない、と直線的に考える治療者の前では、クライエントは多動や衝動性に関与している深い事情を語る口を噤《つぐ》むことになろう。

ある少女は幼児期から、たしかに過敏でもともと落ち着きを欠いてはいたが、両親が国籍取得を巡って深い亀裂と憎悪しあう関係にあり、自分は将来どうアイデンティティを持つべきか存在の根幹にまつわる重い問題に気づいた。そして父母双方の気持が解り、子どもとして引き裂かれるような気持になったとき、しかもそれを一人抱え込んでその負担に耐えかね、不注意、衝動性、多動は激烈の度を増した。彼女は多くの治療機関を転々とする間、自分の存在の基盤が揺らいでいることや、負わされた重荷について解り合える出会いがなく、状態像は悪化していたのである。服薬に加えて、一人で抱えていた荷を下ろし、両親が彼女の心中を汲み取ろうとする努力を示し始めると、状態はひとまず学校の生活に何とかとけ込んでいけるほどには落ち着きが出たのである。

ＡＤＨＤの特徴を持つ上に知的素質が低い場合、「人の話を聞いていない、落ち着きがない、そわそわざわざわ動き回る、そうこの子は鈍感なのだ」と思われていることも多い、だが、こういう子どもが自分にとって大事な人の言動や気分はどこか感じ聞き取っていることをしばしば経験してきた。しかも、聞き取ったことが不安の種になっても、それを尋ねたりしないという場合が多い。その気持はなくとも、知らずにもらす本人を傷つける一言が、ＡＤＨＤの子どもには重くひびいていることがある。チャカチャカ、ざわざわしている表面の底に悲しみを沈めている場合が少なくない。

ある養護高校生の少年は母親から寮付きの福祉施設に空きが出来た、今入所しないと、次は空きが何時できるかわからない、退学して入所するように、とすすめられ、一見従順にそれを承知した。だが、母親は何か彼の浮かない沈んだ様子が気になり、それを尋ねたが彼は頑なに黙っていた。母親の求めで彼に面接の折、尋ねた。

「大事なことを決めるのだから、本当の気持を聴かせて……」

しばらく私を見つめて小声で彼は応えた。

「中学へ入ったとき、お母さんは普通の子どもだったら、給食のある中学へ行ける、養護中学はお弁当を作らなくちゃならない、と朝暗いうちから起きていた。ボクが普通の子どもでないからずっと悪いと思ってきた。お母さんのお弁当作りをなくしてあげたい。お母さんは一人でボクを育てていて大変だし……」

母親は彼のこういう心遣いと内に抱く気持を五年間黙ってきたことにこころ打たれ、結局、養護高校生活を楽しんでいる彼の生活を中断することは諦められた。幸い、彼は高卒後、その施設に入所でき、ある種の集中力を発揮して、優良作業者として元気に生活している。

ＡＤＨＤとよばれる子どもは、自分でも自分の粗暴さ破壊行動が、後でもたらす人との関係の悪化や破壊は破壊でしかないことの空しさなどを味わい、自信を失い、自棄的になって、自分を持てあましている。落ち着いて、静かに、しかし、しっかりと傍らで、彼の興奮が冷めかけるときに彼に語りかける。

「Ｂ君自身何とかしたい、と思っているのよね、諦めないで、一日を夕ご飯のあと振り返ってみない。そして、お家の人に今一人で考えてるから叱らないで少し待って、と言って、朝からの自分を思い出してみるの。三段階に分けて、良い花丸のＢ君、普通の丸のＢ君、困ったペケのＢ君のうち、今日はどれかな、って正直に考えてみてね。そして、この日付のあるシートにシールを貼っていってね。だんだん花丸のＢ君が増えると思うわ。続けることが大事。きっとケンカしたり、ものをぶん投げたりする前に、おっと止まろう、ってブレーキを自分でかけられることが増えると思う」と、Ｂ君の好きなイラストを描き込んだ手作りシートを渡すと、彼もさるもの。

「ふーん、うまいこと言うね、どの子どもにも同じことを言うの？」

「ううん、一人一人、その人に合わせたことを言うようにしているし、イラストもその人に合わせて描くようにしてその人、その人、一人ずつのことを考えているの」

「ふーん、大変だね、ちゃんとそんなにたくさん考えつくの？」

「それが難しいの、だから私も同じこと繰り返さないように努力しているの、私も怠けたい気持にブレーキかけているのよ……」

「ふーん、ブレーキねえ」

と、時にはしみじみとしたやりとりも生まれる。

思えば、相手が多動で衝動的なとき、こちらもつい知らずに挑発されるような感じで、声が上ずって肩から発声していたり、内心の気持と言葉が乖離していないだろうか。静かに落ち着いているけれども、不退転の壁のような確かさを持っているであろうか、そして、相手につられて、声や醸し出す雰囲気がつい暗黙の内に押しつけがましくなっていないか、私は振り返るようにしている。こちらの内にある自分ではそれと気づかずに抱いている苛立ちや不安を彼らは感知し、影響される場合が少なくないように、経験上思われる。

ＡＤＨＤとよばれる子どもは外見上のがさつとうつる印象とは別に、繊細で傷つきやすく、そして、時になかなか鋭い審美眼を持っていることが多い（がさがさ動き回りつつも、しかしアンテナは敏感に働いているように思う）。

さらに、一義的に親を非難するというようなのとは別の次元で、いわゆるＡＤＨＤと称される子どもは、その特徴ゆえに被虐待者になる場合がある。その経験が問題となる行動傾向を一層強めている場合もある。ＡＤＨＤという現象の背景には生物学的素質を基底にしているにせよ、さまざまな要因が輻輳してそれぞれ個別の事例の特徴となっているということが、平凡であるけれど忘れてならないことのように思われる。

「警戒されている」と感じられる眼差しと、「赦しと少しでも根拠のある希望を」と受けとられる眼差しでは、受ける当事者には違いがあるのではないであろうか。後者の眼差しを持てるようにこころしながら、目前の事象を個々に丁寧に考えたい、と思う。

それぞれの生を全うするということ

——こころみ学園を訪れて——

こころみ学園のあゆみ

障害者支援施設「こころみ学園」は栃木県足利市田島町の山麓にあり、多機能型事業所「あかまつ作業所」、共同生活援助事業所「あけぼの荘」（他、六ホーム）、相談支援事業所「こころみ」とともに、社会福祉法人「こころみる会」として運営されている。その前身は昭和三三（一九五八）年、当時中学校特殊学級の教員だった川田昇が特殊学級の子どもたちと二年をかけて開墾した、平均勾配三八度の急斜面三ヘクタールの葡萄畑にまでさかのぼる。昭和四三（一九六八）年には、手作りのバラック小屋で川田昇以下九人の職員が寝起きしながら、一切の補助金は受けず、自分たちの手で学園の施設づくりを進め、昭和四四（一九六九）年には三〇名収容の施設が竣工。「こころみ学園」と命名される。同年11月に成人対象の知的障害者更生施設として正式に認可され、川田昇は当時施設長を務めていた千葉県の県立の袖ヶ浦福祉センターを辞職し、初代こころみ学園園長として就任する。当時、園生三〇名（男性一五名、女性一五名）

と職員九名からなり、葡萄と椎茸の栽培を中心とする農作業を通して園生の自立を目指すことを理念としていた。昭和五五(一九八〇)年一月、こころみ学園の考え方に賛同する保護者の出資により有限会社「ココ・ファーム・ワイナリー」の前身である有限会社「榫崎産業」設立。昭和五九(一九八四)年に醸造が認可され、同年秋よりワインづくりを開始し、一万二千本を生産・完売する。「こころみ学園」の活動を称えて、これまでに日本生活文化賞、渋沢栄一賞、社会的事業表彰、東京農大経営者大賞、吉川英治文化賞などが授与されている。

平成二六(二〇一四)年現在は、園生一四八名(入所九四名、短期入所九名、通所四五名うちケアホーム三〇名)(年齢一七～九二歳、男性一〇二名、女性四六名)、常勤職員六六名、非常勤職員四三名、うち準職員(特殊学級やこころみ学園の卒業生)六名、ココ・ファーム・ワイナリーのスタッフ三四名を数え、葡萄栽培地は五・三万平米、ワイン醸造数は年間約一六万本に上る。平成二四(二〇一二)年六月には、高齢知的障害者のための多目的スペース「CAVANELL」が完成し、創設から四五年となる「こころみ学園」の新たな歴史が刻まれつつある。

一　一九八二年、最初の訪問見学

特集「臨床心理学」の標題が「発達障害者を生きる」と決まったとき、かつて「こころみ学園」を訪れた記憶が鮮明に蘇った。それはそのときまで、心理臨床の営みの基本と私が考え実践しようとしてきたことと、こころみ学園の実践は通底していて、時に「臨床心理学の枠を超えている」などと評されて戸惑うこともあった私にとり、心理臨床の営みのあり方を再確認する機会になったのである。こころみ学園に比

べれば、私の出会うクライエントは最重度の障害を抱える人々ではないが、臨床の基本と人の潜在可能性に着目することの大切さをしたたかに再認したのであった。

一九八二年八月、情緒障害児学級を担任されている先生方とわが子の発達障害を受け止めかねて呻吟され、ひいては家族間の不協和やその他の派生した問題をも抱えて疲弊しきった保護者の方々から、こころみ学園見学旅行へ誘われ、総勢一三人で訪れた。

当時の入所者は青年期から初老の方まで九〇人余で、急斜面を開墾しての葡萄栽培、山から原木を切り出しての椎茸栽培が園生たちの仕事であった。川田昇園長は六〇歳代だが精悍で、園生と一緒に身体を動かされていた。無駄のない率直な本質をつく語り口、平易な言葉で表現されるが総合的な状況把握をする観察認識の的確さから、これぞ本当のアセスメントであり、思い切ったかかわりをこれが可能にし支えているのだと感嘆した。

園生たちは重篤な発達障害を持つ人々と見えたが、その人らしい生気があり、何か自信に繫がるような表情の人が目立つことが寮舎へ入っての第一印象であった。川田園長は園生を「〇君はA大K教授の論文に書かれた人」「△君はB大M教授の論文に……」「この人はC病院から……」と紹介された。何人かはそれらの文献を読んで知ってはいたが、文献で想像されるそれぞれの自閉症スペクトラムの人の予後に比較して、生きづらさの程度は重いのに、何か目前のその人々は自信に繫がる生気ある表情をされていた。

一三人の見学者に自家製の葡萄ジュースが供されることになった。一人の園生は無造作にお盆に八個のコップを載せてきて、見学客の前に置いた。

当然、足りない。川田園長は「よく見てごらん」と言われる。するとジュースが前に置かれていない人に気づいて、園生は五個のコップを運んできて客の前に置く。「皆さんに全部あるかな」と園長。二度目のキッチンとの往復で一三人に行き渡る。「数がわからない人です。でも急いでジュースを飲まなくても待てばいい。それより自分は役に立っている、お客さんをもてなしている、という気持が大切でしょ?」。木造の簡素な建物で古びてはいるものの床はピカピカ。雑巾がけをしている園生について「自閉症の症状も重いし、知的にも低くて、家では何もすることはないと置いていかれ、暴力行為に家族は音をあげた。ここへきてはじめガラスを〇〇円分割りましたが、もういいだろうと雑巾を渡すと、強迫傾向というかこだわりで同じところを長時間拭いた。そこで床はきれいに、するとこだわりも少し和らいだ」と川田園長は言う。それぞれ園生の在宅時の様子、家族が対応できなくなり、引き受ける機関も見つからなかったという壮絶な問題行動や暴力のあった人たちの大方が自分独自の持ち分を得て、予想されたよりは落ち着いた生活をしていた。

戸外に案内される。四二度の斜面は降りるときなど絶壁のようにも感じられる。椎茸の原木のあるところから椎茸栽培の原木を切り出し、斜面下の平地へおろす。また、葡萄畑の下草取りなど、足元を自ずと踏みしめ作業に集中せざるを得ない斜面である。「園生は足を踏んばることを体の感覚で覚えます。ここから逃げ出そうとしても、山の杉林を抜けてその先へ行くのは容易でないというわけです」と園長。さらに、樹陰に座っている知的障害と視覚障害を併せ持つ園生の傍らで、一人の園生がうちわで虻や蚊を追い続けている。「強迫的な傾向はうちわであおぎ続けるのに役立ちます。見えない人は鳥の声を聴き、そしてうちわを使うという役割を他者に与えている意味ある存在なのです」。広大な自然のなかでの作業はなるほど素晴らしい、だが「雨の日は手持ちぶさたでお困りになることは?」と思わず問うと、「雨天には長靴

を履き、合羽を着て作業です。雨天でも働くから、晴天の歓びはひとしお。厳冬下の作業に耐えるから春の訪れが素晴らしく感謝の念が湧く。都会の人はこういうセンスを失っている！」と。

　園長はふと役所の人や見学者には見せていないけど特別にと「夫婦舎」を見学させてくださった。職員の結婚を祝う席で「フツウの人はいいなあ、結婚できて……。オレたちは……」という呟きを聴き、そうだ、人ならば当然のことだ、と決断して希望するカップルを結婚させたのだという。調理をすることが困難な人たちなので、食事は園舎で皆と共にし、一ＬＤＫの住まいではお茶だけ沸かすのだという。この決断と実行力、その責を負う覚悟にその瞬間、私は言葉を失った。

　麓では葡萄や椎茸の箱詰めを園生たちがしていた。「箱詰めされた産物は主に養護学校や福祉事務所や生協へ出荷します。園生たちは生産活動を通して、自分が社会と繋がっていることを知っています。障害者も隔てられることなく社会と繋がることにより人として誇りが持てるのです」と園長は話された。まず基本的に人として大切に受け止め、的確な状況判断の下に、着手できるところから支援を展開していく営みがここにはあった。その夜、合宿した私たち一三人は夜を徹して話し合った。「希望を持てる気持になった」「我が子の現実を受け止める気力が湧いた」「早めに退職し、保護者としてこういう領域での支えになりたい……」保護者の方々の言葉であった。

二　こころみ学園の今（二〇一四年六月一六日）

個別的なかかわりと集団生活のバランス、自立的な（自律的でもある）生活の展開

施設長の越知眞智子氏は身のこなしが軽やかで葡萄畑の急斜面にもすっくと立たれる。園生たちに向かって、その人に合った自然な声かけをされる。親しみが込められているが絶妙に適切な距離感覚がある。傍らに立つと、越知氏からは、施設とそこに生きる人々への責任、いやそれだけではない、こういう施設が社会に対して持つ意義についての責任の自覚と覚悟を身を挺して持たれていることが伝わってくる。施設の園生や職員との間はもちろん、近隣の人々とのやりとりから、地域社会や世の中とよい関係を持っておられることが伝わってくる。眼鏡の奥の眼差しは知的でセンスフルである。

一九六八年、手作りのバラックから出発したこころみ学園は、著書（川田　一九九九、二〇〇九／川本二〇〇八）にも紹介されているように大きな発展を遂げてきた。現在の組織は図1（農林水産政策研究所、二〇一一）に示されているが、園生は各自の特性に応じてさまざまな場や作業に携わるようになっている。

園内は整備され、来客を待つ諸設備も洒落たものとなり隔世の感があるが、施設の運営、園生へのかかわり、渉外活動、その他ご苦労は変わらず、というより新たな課題も加わって、容易なものではない。入所者九四名のうち、四分の三は川田昇園長在任中からの人々であるが、高齢化が進み、六〇歳以上が多く、

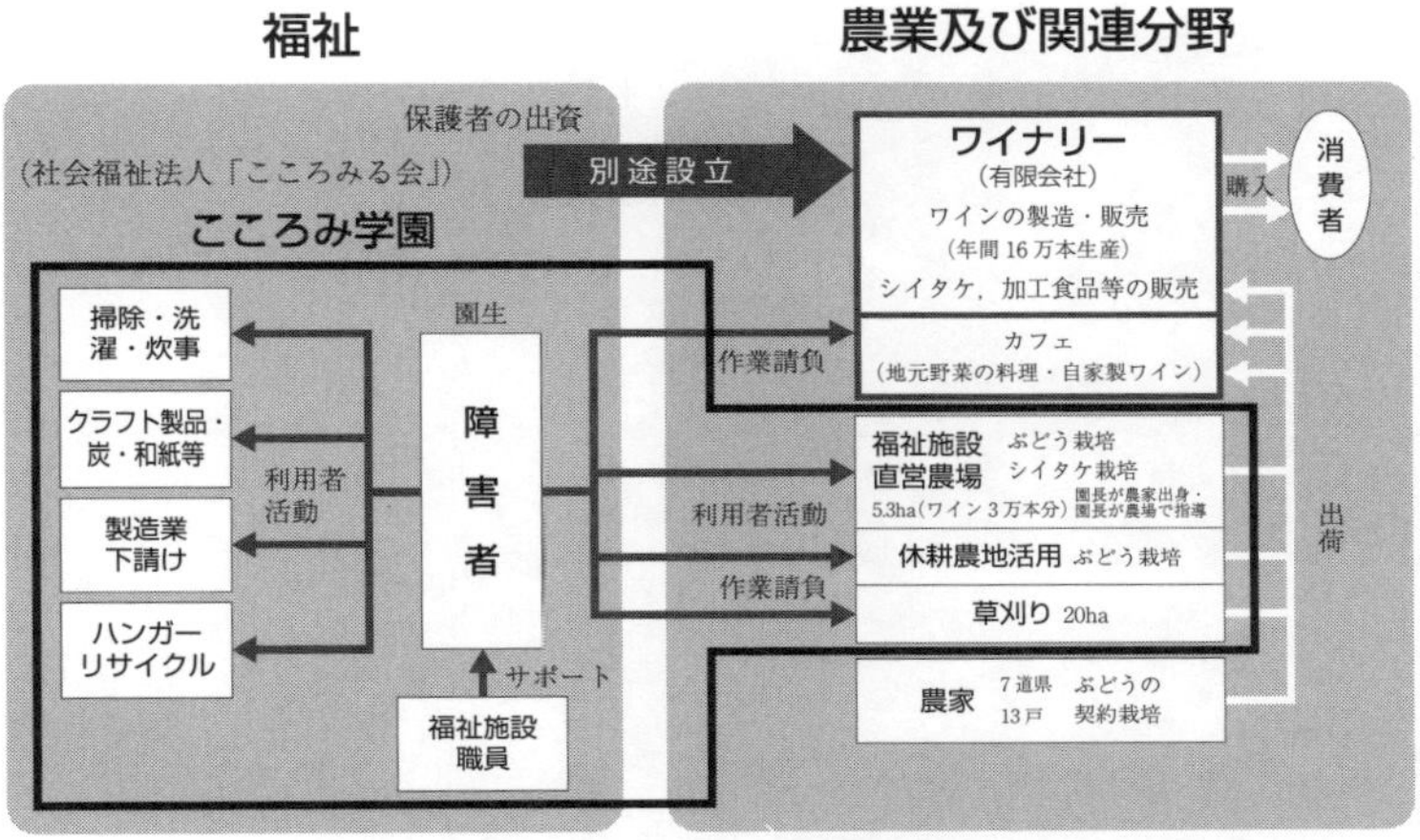

図1　こころみ学園における園生の農業および関連分野へのかかわり
（農林水産政策研究所，2011）

平均年齢五二歳、急斜面での作業が危険な人々が増えつつある。最年少者が一七歳で、青年期から六〇代までの園生が主に戸外の仕事（図1の右の部分）、高齢者の方々も個別的状態に応じて図1の左側の作業にその人のペースで携わっている。そして、寝たきりや臨終が近い方々はその人にあった内容の介護を受けている。

越知氏は大変なことを淡々と、しかし思慮を込めて語られる。「園生はそれこそ一人一人さまざまである。知的には高いが荒れて暴力のすさまじい人、車の下をくぐることにこだわる人、性の問題行動が収まらない男性、山を登りながら衣類を一枚ずつ脱ぎ降りながら一枚ずつ拾って着ていく男性、裸で街まで遁走した人、その都度、個別的に状態に応じて関わっている。医療、警察、官庁とは必要に応じて適切な連携を取っている。だが人は何かできることがあれば生きていける。川田昇前園長は園生に繰り返し、傍らにそって作業のコツを教えた。それを会得した当時からの園生が新入の園生に伝え、全体として作業の流れを作っていく。指導員（職員）は作業の流れをさりげなく傍らで作り、あとは園生に任せる（このお話を聞く傍らで、杉林の斜面を園生たちはその人の力量に応じた木を抱えて下へ降りていく。園生のうち、六〇名ほどは重症で会話ができない重度障害者）。園生の完全回復はないが、職員より園生相互の繋がりで状態が改善していく傾向がある。依然強いこだわり等の問題行動や反社会的な行動をもっている園生も、生活のリズムを作り、作業に参加できることを心がけた。すると次第に安定した。しかし現在でもちょっとしたすきに園外へ出ていってしまう。

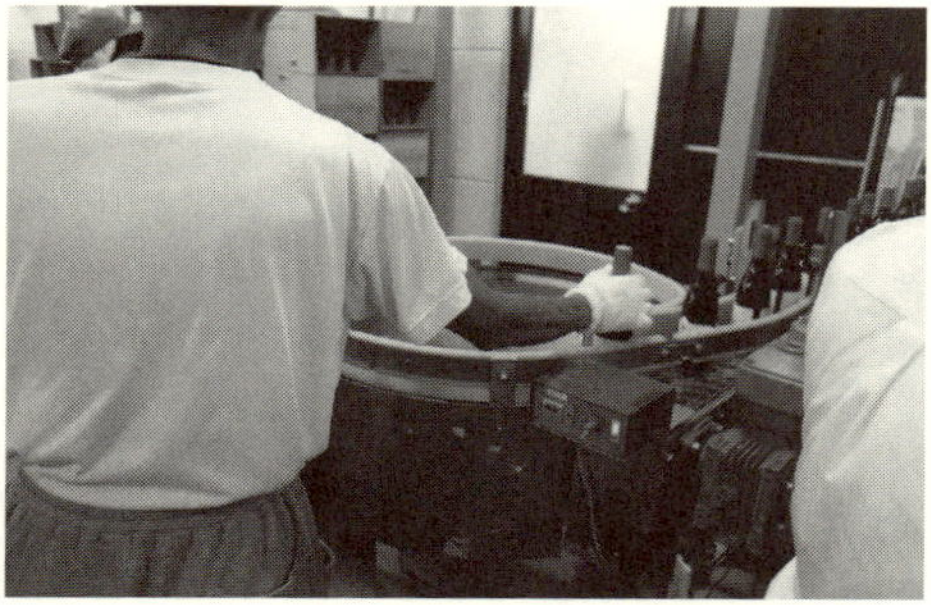

三　誇りが生まれ、支えるために

第一回の訪問時の川田園長の言葉が思い出された。「畑仕事でも、変化と上品さ、実りを手にする歓びがあるもの、しかも重篤な障害を持っていても手がけられるものを作りたい、しかもこの土地に合うものと考え行き着いたのが葡萄栽培と椎茸栽培だった」。葡萄酒造りが進展するなかで、やはり本物のシャンパンを作ろうとフランスから解説書なしの（和製のように行き届かないことがある）機械を直輸入され、苦闘の末使いこなして、ついにはサミットの晩餐会にも供された銘品を生産されるに至った。「品も大事に」と言われたことが今も私の内に深く響いている。ワイン醸造の専門家、ブルース氏をアメリカから招き、彼は学園に住み込んでワイン醸造や葡萄栽培の改良に取り組んできた。その一方で、原発事故でセシウムの濃度が高まり、今は椎茸造りはかなり縮小したが継続している。

葡萄酒の瓶詰め作業では、園生の力に応じて作業工程のなかにその人なりの力が発揮されるように配置されている。そして、素質のある園生は検査係を任されている。単純な作業にワイナリーのスタッフが睡魔に襲われかけたりするとわざと不良な作業をして、各自が役割から脱落しないように茶目っ気をこめて配慮したりする自閉症の園生もいる。園生は自分たちの営みに自信を持っていて、実習生や見学者に「収穫祭に来て」と言葉をかけている。

四　老いを受け止め、生を全うする

これまで二五名の園生が施設で死去された。学園を見晴るかす小高い場所に墓碑が建っており二五番目の墓石に川田園長の戒名がきざまれている。保護者会を開いて話し合い、内科医の協力を得て施設では「看取り」をすることを決めた。

高齢者のグループの昼食。彩りよく喉ごしがよいように調理されたおかずが四品、小ぶりの器に盛りつけられている。自ずと食が進みそう。職員はこぼす人に「食べさせてあげる」と言ったり制止語を使ったりせず、「お手伝いさせて戴いてよいですか？」と声をかける。スプーンの扱いもままならない九二歳の女性は、元気なときは癇性できりきりしゃんと働き者だったとのこと。この人は制止や指示的な言葉遣いには拒否反応をされる。父親の最期を数カ月間、病院で付き添い看取ったというほとんど話されない（話せない）女性は、職員をさりげなく助けて上手に食べられない人の手伝いをそっとしている……。大食堂だが、人の気配りと繋がりが自然にある空間であった。寝たきりの人には職員が話しかけながらゆっくり食事を供している。

火葬場の混雑のため、火葬が三日後になるというあるご遺体が居住棟の一部屋に納棺され、蓋が開かれ安置されていた。枕元に園生が交代で守るように座っておられる。合掌しながらふとみると、棺のなかには園生が自分の大事にしているもの、ぬいぐるみやお菓子や自分の写真がいっぱい入っていた。逝く人の生きてあるときの生き方を敬い、ねぎらい、別れを惜しむという無言の空気のある空間であった。ふとスイスの重複聴覚障害者の施設を訪れ、重い障害を抱えながらも、入所者がその人らしい一生を全うされているのを識った経験を想起した（村瀬 二〇一四）。過剰な治療より、自然な終焉を考えておられるようであった。

五　方法も環境も人に合わせて改善する
――考え工夫する、よき流動性――

園生の状態の変化につれて、至る所に安全と心地よさを求めて改築、改良がきめ細やかになされている。一九八二年時の浴室の原型はそのままながら、手すり、階段、そして寝たまま入浴できる個別浴槽が取り付けられ、建物のなかは転倒、転落防止の細工が美的センスも加味してなされていた。また、新しい多目的ホールを含む建物にCAVANELLと名がつけられ、なだらかな丘のようなマークがつけられている。「フランス語？」と思ったら、絶えず昼寝する園生のひとり椛島《かばしま》氏とその寝姿を本人の許可を得てユーモラスにデザインしたのだと！

六　発達障害を抱える人がその人らしい生を全うされるための要因

こころみ学園訪問のほんの一端の報告に止まるが、その人らしい自立的かつ自律的な人としての生を全うされるには、次に列挙するようなことが要因であろうと考えられる。

①人として遇する。自尊心を大切に、なるべく指示、指導ではなく一緒に「助力致しましょうか？」という姿勢を心がける。

②的確な素早い現実に即応するアセスメントに基づく個別的なかかわりと、集団のよい繋がりを活かすというバランス感覚を働かす。

③人が応分の役割を果たせるように、アセスメントと行動のレパートリーを幅広く考え創り出せること。既成の理論や技法をアプリオリに使うことに止まらない。

④生活のなかにユーモアや楽しみを。

⑤居場所感を贈る、各自にあった仕事、安んじて生涯を終えてよい場所をしつらえ、人と繋がれるようにする。

⑥家族との関係がよい方向へ進むような支援を。

⑦職員が自分の生や職務を肯定的に捉え、自分の生を享受するように、職場の人間関係、メンタルヘルスへの配慮をする。
⑧医療機関、行政機関、その他関連する事業所、近隣、地域社会とのよい連携関係。
⑨変転、変化する現実に即応してゆとりを忘れず、共に考え、行動し、工夫する姿勢を職員各自が応分に持つ。

＊

長時間、懇切にインタビューにお応え下さいました越知眞智子氏、並びにご協力下さいました職員の皆様、園生の皆様にこころから感謝致します。

後記

この訪問には金剛出版の立石正信社長、藤井裕二編集部課長、編集部伊藤渉氏が同行された。写真は編集者お二人の撮影、筆者が初代川田昇園長の御次女で施設長でいらっしゃる越知眞智子氏と園内を案内していただきながら対談した内容を藤井氏が傍らでメモして下さった。この訪問記はこの三人の方々のお力添えに多くを負うことを記し、感謝申し上げる。なお写真の掲載については、こころみ学園ならびにご本人ご家族から許可を得ていることを申し添える。

▼文献

川田昇（一九九八）『ぶどう畑の笑顔―こころみの実践が自閉症の子供をかえた！』大揚社
川田昇（一九九九）『山の学園はワイナリー』テレビ朝日

川本敏郎（二〇〇八）『こころみ学園―奇蹟のワイン』ＮＨＫ出版
村瀬嘉代子（二〇一四）「発達障害のある人の人生に寄り添うこと」臨床心理学一四巻一号
農林水産政策研究所（二〇一一）指定障害者支援施設（社会福祉法人こころみる会）

それぞれその人らしく

発達障害を専門とするわけでもない私が何か述べることは僭越と躊躇されるが、重篤な知的障害を伴う自閉症児、聴覚障害や知的障害に自閉症を併せもつ人々、高機能自閉症児、知的障害を伴わない広汎性発達障害をもつ人々まで、広範囲に及ぶ発達障害の方々に出会ってきた。幼児期に発達障害と診断されて来談され、その生き難さを和らげ、発達を支えるべくかかわってきた子どもたちが、四〇代、五〇代になられており、今もかなりの人数の方々から喜び、悲しみの折に触れて消息をいただく。この間、診断や支援方法をめぐるさまざまな議論が展開されてきた。もとは状態の改善を願う切実な願いからではあるが、疑問を拭えない極端な支援方法や、新薬が状態像を一挙に好転させるはずだという期待、教育体制や方法についての議論など、模索が重ねられてきたが、平成一六（二〇〇四）年には発達障害者支援法が制定され、平成一九（二〇〇七）年には特別支援教育が学校教育法の中に位置づけられて、すべての障害児に対する個別的で充実した支援教育が目指されることになった。発達障害という言葉も広く知られるようになったが、その理解は十分とは言い難い感を拭えない。

そもそも発達障害をもつ人々が生きていく過程には、圧倒的多数派の定型発達をたどる人を基準にできあがっている社会や文化に、どれだけよく適応するか、という有形無形の課題があると言えよう。人が目指すことに、これでよいという上限は厳密に言えばそう多くはないはずだが、それでも定型発達をする人々は、相応の努力目標を設定しそれなりの努力をすれば、それに達することはおおむね可能である。だが、発達障害をもつ人が社会の一般基準に対して適応的、調和的であることを目指すことは、目前にゴールがあるわけはない。生き難さを抱えつつもこの努力を続けて生きる人々に対し、おのずと敬意が生じてくる。

大人として、その人らしい生き方をされている発達障害をもつ方の事例を重篤な順に素描してみよう（その人と特定されないように改変されている）。

六歳のA太君は、情緒障害児学級の中でも重篤で、ひとり奇声を発しながら立ち歩くことに終始し、保護者と学校の関係も微妙で、双方が疎通に困難を感じていると母子で来談された。三歳時に自閉症と大学病院精神科で診断を受けてから経過観察と、小児科では強度の便秘のため毎週排便の処置を受けてきていた。母親は、どこへ行っても効果が見えず、具体的手立ての話も聞けなかったので、療育機関を転々としてきたという。A太君は、自閉症の中核症状のほかに、手に痛々しく大きな吸いだこができて腫れあがり、意味の通じ難い独語を呟いて、やせ細った身体を揺らしていた。母親は無表情のまま、折り目正しい敬語で感情を切り離すように経過を話された。A太君は無表情だが、過敏でこちらの気配や思いを感じ取っているように見えた。私の挨拶を聞くと、A太君は部屋を走り出て、ビルの裏手のじめじめした雑木林へと走り、朽ちた病葉《わくらば》の下からイモ虫を見つけるや否や私に差し出した。私は咄嗟にひざまずいて虫を受け取っていた。「気味悪くないのですか！」背後に悲鳴とも非難にも似た母親の声。「A太君が大事そうに捧げ持っていたので、私もこれは大事なものなのだと……」。母親の表情が緩んだようであった。

掌吸いをはじめ、A太君の了解不能に見える行動は、よく観察し、背景事情や状況などを併せ考えると、言葉にできない欲求や怖れ、快の感情の表現であるらしいことがわかってきた。それに伴い、周囲がそれらに配慮すると、苛々感やパニックが減り、合目的的行動が少しずつ増していった。それにつれ、自力排泄も可能になっていったが、セラピー中にズボンから便を取り出して食べていることに気づいた。親族は知的・社会的エスタブリッシュメントが揃って高く、母親も芸術家の道をA太君を育てるため諦めたこと、親子心中を秘かに図った経緯を涙して語られたことと、この行為は呼応するように思われた。A太君を抱き寄せ、便を取り出す手をそっと制止し「美味しいビスケットがあるの」と小声で言いながら、A太君と私自身に向かって独りごちた。(お母さんにあやめられかけるって大変なこと、この世の食べ物は危ない、そう、自分の身体から出た自分の作品は信じられるのね……、それはなんと大変なつらいこと……、でも今はお母さん、A太君をとても大事だと思っておられるのよ……。)間もなく便を弄んだり食べたりすることはなくなり、根気強くA太君のペースに合わせ身をそわせてかかわる治療者的家庭教師の大学生の青年との交流を通して、言葉と指し示すものとが現実的に結びついていきはじめた(例——A太君の求めに応じて彼をバケツに入れ、数え切れないくらい回転木馬のように回しているうちに、A太君は歓声をあげはじめ、扇風機の前に立って「マワル!」、折り紙の風車を回して「マワル!」と叫び、マワルという言葉の意味を理解した。個別の工夫をさりげなく重ね、実体と結びついた言葉が増えていった)。父親は孤立していた母親にようやく気づき、思春期を迎える男の子にとっての父親の役割を日常生活の中でとるようになった。母親は、最新の文献を渉猟して議論し、期待することから、日々の生活の中の工夫、生活の中で生きる知恵をA太君に会得させる大切さを納得、実行されるようになっていった。

三〇年後、私の不在中に母親は私の住まいを探し当てて来訪され「発達障害には何か一つの方法や薬が全部を解決してくれるのではない、日々の生活を通して丁寧に学び、癒され、落ち着くような工夫が大切と実感している。子どもの状態に合わせて、偏らないさまざまな方法を考え組み合わせて焦らずにかかわることが、症状を和らげ落ち着くうえで大切と納得している」と留守居の家族にお礼の言葉として残していかれた。A太君は今、成人の施設で穏やかに周りの人々と調和した暮らしをしておられるという。母親は「かつての孤立して落ち着かず意思疎通の難しかったあの子とは別人のよう。少ない単語でゆっくり気持を伝えようとします」と、近くへ来たのでと来訪され、表情豊かに話された。

中学二年生のC子さんは、二歳半時に自閉症と診断され、その主治医には甘えに似た行動も示して学力は徐々に伸びていたが、中学に入り、暴力、自殺企図、強度の強迫行為が顕著になり、登校停止となった。主治医は投薬は続けるが、面接や生活全般の相談は思春期を迎えたC子さんには女性セラピストがふさわしいと考えられ、私に紹介された。

初対面の挨拶を終えるや否や、C子さんはテスト図版を至近距離から私の顔面めがけて投げつけた。一瞬、気配を感じて身をのけ反らし、避けることができたが、「ぼんやりしてると、この子とはやっていけませんよ」という父親の声。背景のさまざまなこの家や親子の歴史、その他諸々がふと想像された。彼女は部屋から外へ駈け出して、仰向けに大の字になって倒れ込み、「死にたい！」と金属的なつんざくような声で絶叫した。建物の窓があちこち開き、上から成り行き如何という視線が集まるのが感じられた。「私になどわからないほどのつらいことが今までたくさんあったと思う、でもその中を死なずに今日まで生きてきたのは偉いと思う。でも生きててよかったと思わずに死ぬのはもったいない。それを見つけるお手伝いをしたい。部屋に帰りましょう。私に起こされるより、自分の力で立てるでしょう」。彼女はむくっと起きあがり、部屋へ戻った。次第を見ていた父親が生育歴や諸々の状況の概略を話された。私は大の字に倒れていた時に少し見えた足の傷と袖口からも見えた腕の傷の背景を考えながら黙って聞いていた。父親が「次回から母親をよこします。彼女はしっかり者でなかなかですよ。先生はおっとりぼーっとして見える、彼女にかなわないかもしれない、しっかりしてください」と言い置いていかれた。

母親は丁重な話し方だが、生きることに疲れたという様子で、自分の決めた語る内容以上のことには触れまいという気配があった。家庭にもつらい難しい事情の存在が想像されたが、まずは来談意思を示したC子さんの状態を少しでもよい方向へとかかわろう、その次第でおのずと必要な背景事情が浮かびあがるのを待とうと考えた。

強迫傾向を活かして、微細な折り紙細工、ついで毛糸編みがかなり上達したので、一人で仕事ができて、日本では将来も必要とされる和服仕立てに挑戦しようと提案し、一緒に運針から始めた。進学は叶わなかったが、和裁塾が彼女を受け入れてくださった。母親が秘してきた一家のつらい不運な過去を初めて話され、両親としての対応を悔いられた。母親は人任せはいけないと一緒に和裁塾へ通われた。C子さんは「私の高校、いや大学」と和裁塾に誇りをもち、奇矯な言動はあるものの、和裁習得に励んだ。客への応対は母親の助力を得て、和裁仕立てを職業とし、やがて訪問着や舞台衣装なども仕立てるようになった。ところが四〇歳半ばで、「福祉の雇用者枠で商品整理の仕事を会社員として始めた、和裁は辞めた。一人で仕事するのでなく、人と一緒に働きたかった、今は楽しい」と最近来信があった。もったいないと思いかけて、そう、収入ばかりを第一に考えるのではなく「人と交わりたい」という表せなかった望みを叶えられたのだ、と納得した。

成人になった人々を思い浮かべると、子ども時代、激しい症状や行動上の問題で本人や周囲が夢中であった時には想像が難しかったような大人としてのその人らしい生き方を、各自さまざまな努力を重ねてされている。

E男君は養護高校を終えて、作業所で何とか落ち着いて働きはじめ、自宅から作業所までの通勤を一人でできるようになったことを誇りに思い、近所の神社の早朝散策を楽しんで、住み慣れた土地を大事に感じているらしかった。だが彼は二〇歳を迎えて、「病弱の母親の負担と将来を考え、施設へ入ることに決めた。気持をしっかりもつために、先生には手紙を出しません。ボクにも年賀状出さないで」と言って早めに施設入所をされた。落ち着いた三〇代後半になって、年に数回葉書の来信が復活した。辞書を引きながら書くという文面は語彙が少しずつ増え、字も綺麗になりつつあるように見える。

G夫君は幼少期の家族の中での居場所感の乏しさ、学校でのからかわれや苛められ経験、職場でのいささか指導というには度を過ぎた罵倒など、いろいろなつらさを、ひたすらG夫君のポジティブなところを見つけ出そうとしてくれる祖父母、根気強く学習や遊びを通して、励まし支えてくれた治療者的家庭教師の青年、その他ささやかでも彼に理解と好意を示す人々との出会いを支えに、二〇代半ばには、家族生活の中に落ち着く場を見いだしていった。G夫君は曲折を経て、三五歳時、初めて常勤職になれた時、知人からお祝いにと贈られた花束を持参して、交番やあちこちで私の家を訪ね当ててこられた。たまたま在宅していたが……。「この花束は半分はセンセのものだと一所懸命うろ覚えの住所で見つけた……」。常勤雇用を祝いながら、私は申し訳なさでいっぱいになる。その後、母親を看病して見送り、同居していた介護度が上がった父親を施設へ入所させ、休日には面会へ行かれている。「妹には家庭があって忙しいから、ボクがやります」と。訥々《とつとつ》としているが、他者を思い遣り、誠実な人としての情の厚さにこころ打たれ、なんとここまで、と感服する。

さて、紙数も尽きた。大人の発達障害をもつ人が、その人の資質に応じてその人らしく自立した生き方をされ、他者から何かポジティブなかかわりを得ていかれるには、まず人として遇される、大事に思われる経験を基底にもつことが必須だと思われる。発達の過程の状態を的確にアセスメントして、その状態、状況にふさわしい方法で本人の自尊心を重んじながら、きめ細かくなるべく生活と連動した自然な支援が望ましいと考えられる。そして、表面の行動とはうらはらに、敏感で、人との繋がりを求め、それを表出することが得手ではない人たちなので、柔軟性と豊かな想像力のある人間関係に恵まれることが望ましい。支援の技法はそれぞれに意味があると考えられるが、発達障害をもつ人々の生き難さには、単一の理論や技法に拠るのではなく、過程に即応してまさしくその時にふさわしい方法を組み合わせていくことが望まれるように思う。

ほの見えてくる現実の光と影

大人は、自分もかつては子どもであったころの感覚を大方忘れている。そこで、子どもについて知らぬ内に誤解しているところがあるのではなかろうか。その一つは、昨今の子どもの病理性を強調して指摘する傾向である。低年齢の子どもによる凄惨な事件が相次いだりすることが、そうした声の高まりに拍車をかけるかのごとくである。だが、折にふれ指摘してきたが、臨床場面やあるいは調査研究で出会った子どもたちの内面には、自分の持てる力を発揮して人に受けとめられ、分かち合った応分の生き方をしたい、という願いが息づいていることには変わりがない、と思う。

子どもたちの生活の様相が変容しているのは事実であろう。しかし、子どもの行動の外見にのみとらわれず、そうした内心の希求に出会うようでありたい。それには深井戸を掘るような根気と工夫、子どもの潜在的な可能性への信頼が必要である。

もう一つの誤解は、子どもの生活は責任を負う必要もなく、気楽な日々だ、というような捉え方である。だが、社会的にも経済的にも、大人に頼って生きざるを得ず、将来に思いを馳せるとき、希望もあるがしかし確たる保証もないという、子どもの置かれている状況は子ども自身がはっきり意識している場合はもちろん、そうでない場合でも、茫漠としたある種の存在の不安として感じられているのではあるまいか。

たとえば、乳児はほとんどの場合、そのままで可愛い、と受け止められ、幼児期はまだメルヘンの世界とこの世が繋がっているような感覚が味わえるのに比較し、学齢期は学校という同年齢集団の生活が中心になり、他方観察力、思考力も育ってくるので、事態はずいぶん変わってくる。乳幼児のようにありのままに受け止められるということはもはや難しくなり、自分をいろいろな尺度の上で、相対化して捉えざるを得ない。この世の現実というものが明らかになってくる。走るのが遅い子にとっては、運動会は苦痛だ。一所懸命音程を正しく捉えても、生来声量の乏しいかすれ声の子どもにとって、音楽の時間は楽しみとはほど遠い。そう、この世には諸々の不如意《ふにょい》があることが実感されてきて、それにどう折り合いをつけていくか、それはかなり難しいことなのだ。

そんな時、一人でも、相対評価にとらわれず、「他ならないその子」という眼差しがそっと注がれるのを感じたり、その微妙な不安を汲んでくれる人に出会えたなら、子どもにとって、現実を受け入れていく契機となろう……。

昭和一七年の春、小学校入学を控えた数日前、八歳年上の一番年少の姉に伴われて日比谷公会堂へ出かけた。当時の日比谷公会堂は今日のサントリーホールやオーチャードホールにあたると言えようか。ピアニスト、レオニード・クロイツアーの演奏会である。大きな（と私には感じられた）ホールを埋め尽くす聴衆の多さにまず驚き、次いで始まった演奏に息をのんだ。家で聴いている姉たちのピアノの演奏とは何たる違い！　弦は深く剛く鳴り、聴き手をゆさぶるかと思われる、一方ピアニッシモの透き通るような、そしてこの上もなく美しい繊細な音色、歌うような訴えるようなメロディーの流れ……、瞬きもせず演奏者を見つめ、それこそ全身耳になっていた。それは容易に言葉には尽くせない想いの時間であった。

休憩時間に姉は真剣な表情で話してくれた。レオニード・クロイツアー氏はユダヤ人で日本へ逃れてきた人なのだ。ユダヤ人は遠い昔、自分たちの祖国を失った。その後彼らは世界中に散らばり、成功を収めて暮らしている人々もあれば、国籍なく、差別を受けて苦難の暮らしをしている人々もある。人間にとって、自分の属する国や家族を失うことは大変なことなのだ。だから、さすらいを余儀なくされたユダヤ人はどこへ行っても生きていけるようにと考え、何かを自分の身にしっかり付けようとする。ユダヤ人には芸術家や学者が多い。自分の身に付いたものは落とすことも奪われる怖れもないから……。クロイツアー氏はすぐれた演奏家であるばかりでなく、後進を立派に育てている教育者でもある、と。

その時の私には、すべてを、明確には、到底理解できなかった。ただ、国籍がないこと、存在を基本的に保証されない、ということは大変なことだ。生きていくうえでの困難の極みを知ったことがこの子どもの私にとってすら、心に響くこのピアニストの音楽を生み出すことに大きく影響しているのではなかろうか？　何と厳しく深い、それでいて、胸打たれることであろう。これまで親しんできた童謡とは違う世界が開けたようなここちがした。それから後、この日のピアノの音と姉の話は私のなかに焼きつけられていた。子ども心にも、私は何をやっても中途半端なのが自分でもよくわかって、それを恥ずかしく思い、でもどうにも怠け癖は直らないでいた。

昭和二二年初冬、小雪の散らつくある早朝、わが家の門塀《もんぺい》を出てすぐ側の水田を近所のお爺さんが耕し始めた。刈り取られた水田はこれから春まで雪に埋もれ、こんな季節に耕したりはしないものである。いぶかる私にともなく、独りごとともなく、父は静かな表情で語った。

「季節はずれに、今朝水田を耕し始めたSさんはあの土地が、今日から自分のものになった喜びのあまり、さあ、自分の水田だ、という嬉しさを確かめるかのように耕し始めたのだ、と思う」

「今日から、農地解放令が発令施行された。私は不在地主だったから、水田は一町歩を残して、あとはすべてこれまで小作として耕作していた人たちの所有になった。山林はそのまま所有を続けられるが、山の木をみだりに伐採して禿げ山にしてはいけない。禿げ山を一度に広く作ると洪水の原因にもなる。木の成長に合わせて、下草を刈り、日照を考えて間引き、下枝を落として成長を助ける。これが山林を育てるということ。木は自分の代よりも子孫や次の世代の人たちのことを考えて育てるもの。だから、山の木を売ってすぐお金にしようなどと考えるものではない」

「そもそも日本の地主などは諸外国の地主に比べれば、規模も小さい。小作の人たちに苛酷なこともしてこなかったはずだ。これほど徹底して、解放する必要があるのか、という疑問もあろう……。だが、私が成長する頃は勉強したくても、家の都合で、小学校六年卒で、作男として住み込んだり、口減らしに子守奉公にでる級友もいた。昔、農村には不作の年に、売られる娘さんもいたのだ。皆が平等になって、物乞いをする人もいなくなる……、世の中がそのように変わると考えれば、思いきった改革も意味があるだろう」

「自分が管理しきれないほどのものを持ち、それを管理する才覚がないと、奪われるのではとか、騙されるのでは、とか人を疑う気持も生まれる。自分の身の丈に見合って、応分に暮らす、そうすればむやみに疑いの気持を持たないで、穏やかな気持でいられる。これからは、東京に暮らしていた頃とは一変して慎ましい生活になる。でも、本当に身につけたいこと、勉強したいことについては親としてできるだけのことをしよう」

描いていた故郷での晩年の暮らしが一変せざるを得ないことや、予期せぬ経済的打撃に対しても、平静に受け止めようとする父の様子に、何かしら私は安堵し、そのうえ、妙なことだが、「父親」というより、「変動に対処する人のあり方」として、不思議な敬意にも似た気持を抱いたのであった。戦きも感じながら静かな気持の朝であった。

ピアノの上には帝展（今日の日展）審査員のY氏のベートーベン像が飾られ、テーブルには古びていたがレースのテーブルクロスが懸かっていた。だが、生活は一変し、切りつめたものとなった。親戚が集まると、世の中の変動や、余裕あるべきはずであった自分たちの生活が、予想だにしなかった打撃を受けたことに話題は集中しがちであった。そんな時、父母は黙って何も言わずきき手になって、お茶を供していた。

私は両親の晩年の子どもで、二人とも高齢であった。ダンディであった父は作業着に着替えて山の下草刈りをし、母は田畑を耕作した。父は何時かこの手入れをしている山の木が大きく育った様子を想像するとこよなく楽しい、と語り、母は篤農家に稲作のこつを教えてもらいながら、好奇心を働かせ工夫を重ねていた。余暇に父は読書を楽しみ、「これが文字通りの晴耕雨読」と微笑した。

インフレ、貨幣切り下げ、時勢に乗った家庭の友人のように新しいものは買ってもらえない、そんな生活の中にあって、父や母を見ていて想像力をめぐらすことや工夫する楽しみを知った。同じサツマイモでも、型抜きして盛りつける容器を替えてみると何やらおいしく感じられること、丈が短くなったワンピースは配色の良い端切れを裾に足すと、少し色あせていてもこの世に一着きりのオーダーメイドの服になること……。

雑誌は薄くてすぐ読み終わってしまうので、私は手当たり次第に文学全集や発明発見物語を読んで、想像の世界を駆けめぐっていた。古典や文学作品のテーマは時として、学校の教科書のように正しく、清く、美しい、あるいは真、善、美、とでも要約されうる世界とは少し違っていた。底には生きることの厳しさ、不条理、人間の哀しい弱さ、それでいて時には限りなく神に近づきうるのかと感嘆させられる人間の内に潜む崇高さが取りあげられていた。また、新しい原理を発見し、機械を発明していった科学者の気づく観察力と集中力、忍耐、過ちを潔く認める正直さ、真実を求めて止まぬ人は孤独に耐えうることなど……、世界が開かれていく想いであった。

学齢期の子どもは、内心感じ考えていることを的確に表現する言葉をいまだ会得してはいない。表面上は子ども子どもして屈託なく、あるいは葛藤なく見えても、内面ではこの世の現実の何たるかを次第に知り、ことの本質の光と影を次第に垣間見知って、言語化を十分できないながらも、生について、現実的にいろいろ感じ思いめぐらしている、それは今日とて同じであろう。

それぞれの生を支えあうセンス

はじめに

詐病はともかく、人が物心ついてから、病むことをこころの底から生きる目標にするということはほとんどなかろう。まして治癒が困難とされ、生活のさまざまな局面に障害が大きく現れる病気になることなど……。そういう意味で、病気になり療養しているということはとても大変な営み（あえてこれも一つの仕事と言えるであろう）と考えられる。目に見える生産的な営みばかりが仕事だという常識は、統合失調症を病む人やその家族を窮屈な想いに駆り立てるであろう。

統合失調症の発症因は、生物学的脆弱性、人間関係の諸々の不運、社会や時代の特質、これらさまざまなことが複雑にからみ合っていると考えられている（明快に因果関係を説かれる説も種々あるけれど）。いわば、神谷美恵子先生がハンセン病の患者さんを前にして思われたことと同様に（神谷 一九六八）、私には統合失調症になることは不運なくじがあたるようなもので、その人に責任はなく、人口比の中の発病可能性のわずかな確率をその人が敢えて引き受けられた、と思うと一言で尽くせない気持になる。したがって、引き受けられないこと、責任が負えないことにまで手を伸ばすのではなく、市井の人々がそれぞれの応分のスタンスで、療養している人に批判や忌避などネガティヴな眼差しよりも共存するこころもちで接するが、病からの回復、あるいは病を抱えて生きるという生を底支えするのではなかろうか。

一　統合失調症の罹患がもたらす生きる上での不具合

統合失調症に罹患する苦難は、当の病者その人が症状に苦しめられ、その個人の社会的生活が限定される他にも、難治性で、時に長期の療養を要することなどから、周囲にも生き難さの波紋を及ぼし、それがこの病を怖れる理由を強めてもいる。その理由を挙げてみよう。

①家族成員の不安、親やきょうだいもどうかかわることが適切なのか、また療養を支えることと各自の生活を長期にわたり維持するのは容易ではない。

②病む親を持つ子どもからすると自分を愛し、保護してくれるはずの親が精神の均衡を崩しているという不安と日常生活での不具合。そして、自分も親のようになるのではという漠然とした将来への不安がある。

③症状が軽快することを「寛解」という独特の表現がとられるように、症状が軽快しても性格、対人関係、環境の特性の中に病的な特徴が時に残存し、再燃の可能性が潜んでいることも本人や家族など周囲の人々を不安にする。

④罹患することによって、学生、勤労者などの社会的存在としての肩書き、所属感などを時に諦めざる

をえない。「病む人」が肩書きの如くになり「統合失調症のAさん、B子ちゃん」というように、時として病気がその人の個性であるかの如くに受けとられる孤立感や自尊心の低下はいかばかりであろうか。

⑤往々にして長期療養を余儀なくさせられることによる経済的不安や社会的居場所感覚の喪失。

⑥事態が必ずしも軽くないことから、必要以上に家族が責任を感じて過剰に自責的になったり、家族成員間で責め合うという事態が時として生じる不幸。

これらが絡まりあって、生きて行くことについて感じる患者や家族の苦悩や心もとなさは当事者でなければわからないくらいであろうと想像される。精神科主任教授一八人による「統合失調症を考える」というアンケート（二〇一〇）の回答結果を読むと、視点の置き方に微妙な違いもあり、回答には幅があるものの、やはり容易に希望を読み取るのは難しいと思わざるをえない。

ところで、薬物をはじめ狭義の医療は、統合失調症の治療にとって必要不可欠のものである。だが、いわゆる症状の重さやその他器質的素質という点では似通っていても、その患者を取り巻く生活のありようによって、経過は随分と異なるのも事実である。したがって、生活の質、患者に対する周囲の人々のセンスのありようがその回復を支え、生き難さを和らげうるのである。

二　親の病を受けとめていく支え

患者や保護者的役割を担う家族に対して、病気の性質や療養に際しての配慮などにつき、昨今ではかなり考慮した説明がされるようになった。他方、親の病をどう受けとめるのか、子どもの年齢やその他いろいろな要因を考慮した対応が必要であろう。この課題に対しては、親の病を受けとめ、深い傷つきや苦悩からの回復過程を渾身的に綴られた記述（夏苅 二〇一二）や同様の経験と児童虐待を関連させた論述（中村 二〇一二）が貴重な示唆を与えてくれるが、病の親を持つ子どもをどう支えるかについて、例を挙げて考えてみよう。

三 仮想の母イメージで自分を支える

もう三十年余りになろうか、帰省先のない養護施設の子どもたちをささやかではあるが自宅へ招いて来た。虐待の態様がネグレクトとされ、「ゴミの山の家で食事も与えられずに」と記述されるとき、当の子どもの悲しみ・苦しみはもちろんだが、そのようにしか振る舞えず本来の親らしい営みのできない、その親の内心の恐怖や絶望はいかばかりかと併せて想像される。

A子を初めて招いたのは小学二年の時である。給食の残飯あさりや身体の傷を校内で発見されたため、小学一年時に養護施設に措置され、母親は措置入院されたのだという。施設での評価には、ぐずることが多く、人の話を聴こうとしない、強情で対応に苦慮、とあった。

朝、A子を迎えに行くと前髪は目を覆っていた。夏休み中の電車の中は親子連れが多い。近くの子どもが親に甘えた言動をするのを見ると、無意識であろうが彼女は爪を立てて私の手を強く握る。悲鳴をあげるのを控えて私もしっかり握り返す。爪立てが少し緩む。（この子は今、行く先や着いてからのこと、そして帰途も施設へ帰れるだろうと私に自分を委ねてくれているのだ……。）窓外を見つめている私の頬に痛いようなA子の視線を感じて、見つめ返して頬笑むと、はにかむように目を伏せる。爪立て、凝視、はにかみ、これを道中、一時間半余繰り返した。途中、「美容院で髪を好きなスタイルにカットしようか?」と提案してみたが「お母さんと行くからいい」というので彼女の意に従った。

家では、施設の友達へお土産にしようとクッキー作りをする。料理作りも手伝う。「村オバサンも料理うまいけどお母さんも上手」「そう、美味しいもの作って下さったのね」黙して返答なし……。微妙な空気……。食卓につくと、子ども用の箸袋であることに目をとめ、「カワイイネ、でも私の前にこの家へ来た子にも同じ割り箸を出したの?」「ううん、別の花模様のよ」(ドキッ! 一人ひとり違ったものをと考えて別の模様のを用意していた。)小食、偏食でいつもは食事中に注意され通しなのに、今日はいろいろ大量に、しかも美味しそうに食べるので吃驚《びっくり》。「自分で作ったもの、美味しいね」(そう、よかった、お料理や他のこともこれから自分でやれるようになっていけるわ……。)彼女は遠くを見るような眼差しになる。

彼女が何時も黒いナップザックを使っていたので、手作りで用意していたピンクの小花模様の手提げを「よかったら使って」と差し出した。彼女は手提げを黙ってじっと見つめてから頬ずりし、使わずに袋に大事そうにしまった。これまで文章を書こうとしなかった(書けなかった?)彼女が「村オバサンの家でお菓子を作りました。また行きたいです」と絵日記に初めて文を書いた、と施設の担当ケアワーカーより電話があった。

A子はその後少しずつ素直になり、学習にも手をつけられるようになっていった。だが、外出許可をもらって施設を訪ねてきた母親の奇矯な振る舞いに戸惑い、恥じ入り、少し混乱したという。他の子どもたちも怪訝《けげん》に思って話題にしたという。

四　子どもと大切な事実をどう分かち合うか

今日では当然のことだが、その当時、養護施設の研究会で「子どもの人格を尊重し、身を添わせてその体験世界を想像し、その子の望みを汲みとりながらはぐくみ育てる」という考え方にそっての事例検討会がもたれ始めていた。A子の他にも「社会復帰は望み薄」と告げられた親を持つ子ども、重篤な状態の妻に失望した父親から「母親は亡くなった」と聞かされ、あろうことか他家の墓を母親墓前だと告げられてお参りしたものの、半信半疑の状態の子どももいた。

施設内の研究会では、病気の親を子どもが受けとめていくのをどう支援していくか、切実なテーマとして話し合われた。まず、日々の生活が安心できる安全なものだとその子ども自身が実感できるような、二四時間の日常の営みを丁寧にこころを込めたものにすること。第二に、どんな小さいことでもその子ども自身に自らを恃《たの》む気持（自尊心）をもたせること、手懸かりとなる長所や特質を見つけてあげること。第三に、人や状況は努力をすることやいろいろな要因によって変容しうる、ということをさまざまな事実を通して子どもに伝えること。また、子どもにもそういう体験を積んでもらえるようにすること。第四に、人には誰しも長所と短所、両面がある。そして素質には違いがあり、その人らしく自分の素質に応分に努力して生きることに意味があり、早く、大量に、上質に、を強調するばかりがすべてではないことを伝えること。

このような、生について誰もが希望を持てるよう平素から子どもに接し、そういう素地をもとに親の病について、その子どもの発達状態、理解力などを考慮して、一所懸命病を治そうとしている、療養は大切なお仕事なのだ、という意味をその子どもに解る表現で伝える。そして、伝えた後もさりげなくフォローアップしていく。伝え方については、一人ひとりの子どもに即したものになるようにしようと、おおまかな基準が考えられるようになった。病む親を持つ子どもの担当職員は主治医を訪ね、子どもにどう接したらよいか示唆を求めにいくようにもなった。また、時には主治医の意見を参考にしながら、子どもと親との間をさりげなく繋ぐという試みもなされるようになってきた。このテーマで話し合いが行われてから、いわゆる「どう告げるか」というその方法ばかりでなく、施設職員の子どもに対する理解が全般的に深まり、平素の仕事の進め方が配慮のこもったものへと全体的な向上が見られた。「怠け休みではない大切な療養、養生」という視点が共有できることで、A子の他にもこういう受けとめ方を知った子どもは心なしか落ち着きを増すように見られた。

五　痛みを識って他者の痛みを察する人に

その後十年余が過ぎた。A子は高校卒業時、英検二級に合格。秘書専門学校への進学が決まった。社会で独り立ちしていく卒園生三人（いずれも親はこころを病んでいる）と一緒に社会への門出のお祝いに自宅へ招いた。A子以外の三人は家庭へは戻れず、住み込みやアパートでの一人暮らしである。親がずっと入院しているB子は複雑な表情であったが、微笑んで言った。「母親はずーっと引きこもって仕事（療養の意味）しています……」。

A子は退院して一人暮らしをしている母親の元へ帰ることになっていた。それぞれ皆、自分の生にまつわる基本条件（厳しいものであるが）を受けとめるようになっていて、一人暮らしの安全を護る注意点、よい男性に出会う術、キャリアアップ術など、ユーモアを交えて会話は弾んだ。余ったお寿司などを包み分けて持ち帰ることになった折のこと、「村オバサン、A子には二人分、多く包んであげて。A子のお母さんは調理できないんだもの……」一瞬、目が潤む想いがした。

六　それぞれ前を見つめて

しばらくしてC子から葉書が来た。細かい字でぎっしり書かれている。「勤めから帰ると鍵を開けて一人暮らしの部屋へ入ります。淋しいので『ただいま』と声を出してから入ります。学園にいるとき反抗ばかりして、職員に心配ばかりさせていたけど、笑いと会話がありました。いま、あの生活に感謝している。入所前、母と暮らしていたときには無かったものだと気づきました。思い立って母親を見舞ってきました。自分からそっと優しく話しかけてみました。返事はかみ合わなかったが、でも話すって大事なことだと思いました。時には見舞いに行こうという気持になっています」。

D子は学校の授業で「遺伝」という言葉が印象に残り、後でいろいろ説明を聞いても、「自分も発病するのじゃないか、結婚すべきじゃないのでは。大人になるって怖いこと」と心配していた。だが、卒園後間もなく結婚、母親となった。絶えず、「赤ちゃんの背中を叩いてもうまくゲップが出ないけどコツがある?」「離乳食の上手な作り方は?」と養護施設へ電話してくる。人手が少なく忙しい中で、職員が育児書片手に一所懸命応えている。カンファレンスに伺った折、職員が「私、独身なので、本を見ながら応えているのです。先生、お子さん育てられるときどうでした?」と笑いながら尋ねられたりする。「一人しか育てなかったし、物忘れひどいから」と私も笑って一緒に育児書をのぞき込むことも……。

七　理解と支えあいで回復を下支えし、家族には自信と希望を見いだせるように

親の病に子どもが圧倒されたり、世の中の無理解や放置で、子どもがこころ傷ついたり、生きる希望を見失うようであってはならない。定式化した心理教育などという以前の、その子どもの状態に応じた事実の分かち合い方を考え、そしてさりげない自然なフォロー（というと何か大げさなようだが）、見守りの眼差しと必要な所にはさしのべられる手が欲しい。それは何か特化した専門職からというだけではなく、社会の中に「人生にはいろいろなかたちがある。少し私でお役に立たせていただければ有り難いというような精神風土が、実は統合失調症者の回復や家族を支えるのだと思われる。

文　献

神谷美恵子（一九六六）『生きがいについて』みすず書房
中村ユキ（二〇一二）「精神疾患の親がいる家庭と子どもの虐待」子どもの虐待とネグレクト四巻三号
夏苅郁子（二〇一二）『心病む母が遺してくれたもの――精神科医の回復への道のり』日本評論社
岡崎祐士編（二〇一〇）（こころの科学・増刊）『本人・家族のための統合失調症とのつきあい方』日本評論社

臨床と日々の生活を貫くもの

——生きている全体としてのこころ——

はじめに

人は生まれたときから命を終える瞬間まで「生きる」営みをしている。「生きる」ことを現実に即して換言すれば「生活する」「暮らす」ということであろう。そして生き方、暮らし方にその人のこころは現れている。具体的に言えば、人が自分自身をどう捉えているか、他者やもの、ことに対して、どのようにかかわるか、そこにその人のこころは現れていると言えよう。

したがって、人が心理的に生きやすくなることを目的とする心理的支援（心理療法）は生活と常に通じており、これには柔軟性と状況に即応して個別的、時に創造的にかかわる工夫が支援者に求められる。

心理的支援に際して、生活を視野に入れることによって、その対象領域は広がり、疾病の治癒や障害の消褪が望めない場合でも、クライエントの生活の質は向上可能になる。このような心理的支援を行うに際して、どのようにクライエントに出会うか、心理支援過程を質良く展開して目標に向かって進展するには、セラピストにどのような要因が求められるのか、また技法に求められる特質等について考察を試みる。

なお一九五八年に、江熊要一、臺弘らにより群馬大学精神科における統合失調症者を対象にした実践をもとにして「生活臨床」が提唱され（伊勢田ら 二〇一二）、その後さまざまな方向に展開されている。そもそも心理支援においては何れのアプローチであっても、生活を視野に入れることが必要であると考えられる。

一　臨床実践を通しての気づき

草創期の家庭裁判所調査官（補）として、非行少年やさまざまの家事事件当事者に面接することになり、家庭裁判所で出会う事件当事者の抱く問題は、基本にその個人の器質的特性があり、その個人の特性が親、家族、身近な人間関係、ひいては社会との関係を如何にもつかという時間的経過をへて、目前のその人のこころのあり方が出来上がっており、人を理解することはその人の今をあらしめている要因を時間軸と空間軸の中で捉えることなのだと気づいた。今日もっぱら標榜される生物・心理・社会モデルである。

そして、支援が実効を高めるには、支援をうける当事者がそれをどう受けとめているか、この検討が必須だと考えるに至った。いわゆる昨今、関心が持たれるようになってきた当事者研究の視点である（APA：Presidential Task Force on Evidence-Based Practice, 2006；岩壁 二〇〇八）。心理的支援を効果あるものにするには次の四つの要因が挙げられよう。
①クライエントについての見立て（主として、三人称的視点から）。

②目的を達するために相応しい技法。
③支援者の熟達度、パーソナリティ、バランス感覚。
④被支援者は支援をどう受けとり、経験しているか。つまり支援方法は適切であるか。

これまで、①と②について中心に考え論じられてきたかに思われるが、同じ技法でもそれを用いる人の技術的な熟達度は当然含まれ、人としての全体的なあり方がかかわることを銘記したい。併せて支援の仕方や支援者との関係をクライエントがどう受けとめているか、その支援は実効をもたらしているか、クライエントの体験の仕方を視野にいれて支援の効果を検討する視点が必須である（村瀬二〇〇三）。

アメリカが世界のリーダーたらんと意気軒昂としていたジョン・F・ケネディ大統領のころ、カリフォルニア大学バークレイ校に留学した。実習では、疾病と見なされるであろう状態のクライエントが、リアクションと見立てられること（回復可能性を積極的に見いだそうとする……）や、心理的問題を多層に亘る要因が輻輳して生成したものと理解し、多面的にそして統合的にかかわることが強調されていた。いわゆる精神分析に依拠する先生や行動療法家を標榜する教授陣のほとんど全員といってもよいくらい、平易で達意な英語を話され、しかしその内包する意味は明確でレベルの高いことに気づいた。当時わが国における心理臨床や学術の場で言葉を使うセンスとは少し違う印象を受けた。依拠する理論的立場が異なっても、先生方の基本的態度、醸し出される空気はあたかもクライエントセンタード・アプローチのカール・ロジャースが説くところの基本と同じだと思われた。

素直に質問すると、指導教官は「分析するのではなく、理解すること……」と微笑まれた。心理臨床で用いる言葉とは、その内包する意味を具象化して実体的に捉えることができる、すなわち抽象と具象が裏打ちあっていることが必須であると気づいたのであった。

二　バランス感覚、気づきから根拠ある想像を、コミュニケーションの緒を求める

心理的支援において、クライエント—支援者間の関係の質はその効果に大きく影響し、支援過程を支えるものである。この支援関係が適切な質と展開を持っているか、臨床家はクライエントの体験世界を追体験し、その必然性を実感しながらも、その関係性の中に埋没することなく、限りなく相手の世界を解ろうと努めること、またセラピストとしての自分の営為が目標に適っているかを相対化して吟味していることが必要である。セラピストは、追体験し理解することと、この作業の適正さを吟味するという矛盾した行為を、同時併行的に行うことが求められている（図1）。

そして、バランス感覚を働かせるには次のようにセラピストは対象に対して一人称の姿勢、二人称の姿勢、三人称の姿勢を併せ持つことが望ましい。

［一人称］クライエントが自分自身をどう捉えているか、自分のまわりの世界をどう受けとり感じ、認知しているか、クライエントの世界を思い描きあらゆる感覚を総動員して追体験する。

［二人称］一人称に比較して、適度な距離感を維持しつつ、自分自身や世界をそのように受けとっているあなたは……、関係性はありつつも追体験よりも適切な距離感を持って語りかけるような感覚。

［三人称］客観的に対象化して理解しようとする。事実を客観的に記述するスタンス。公共性のある捉

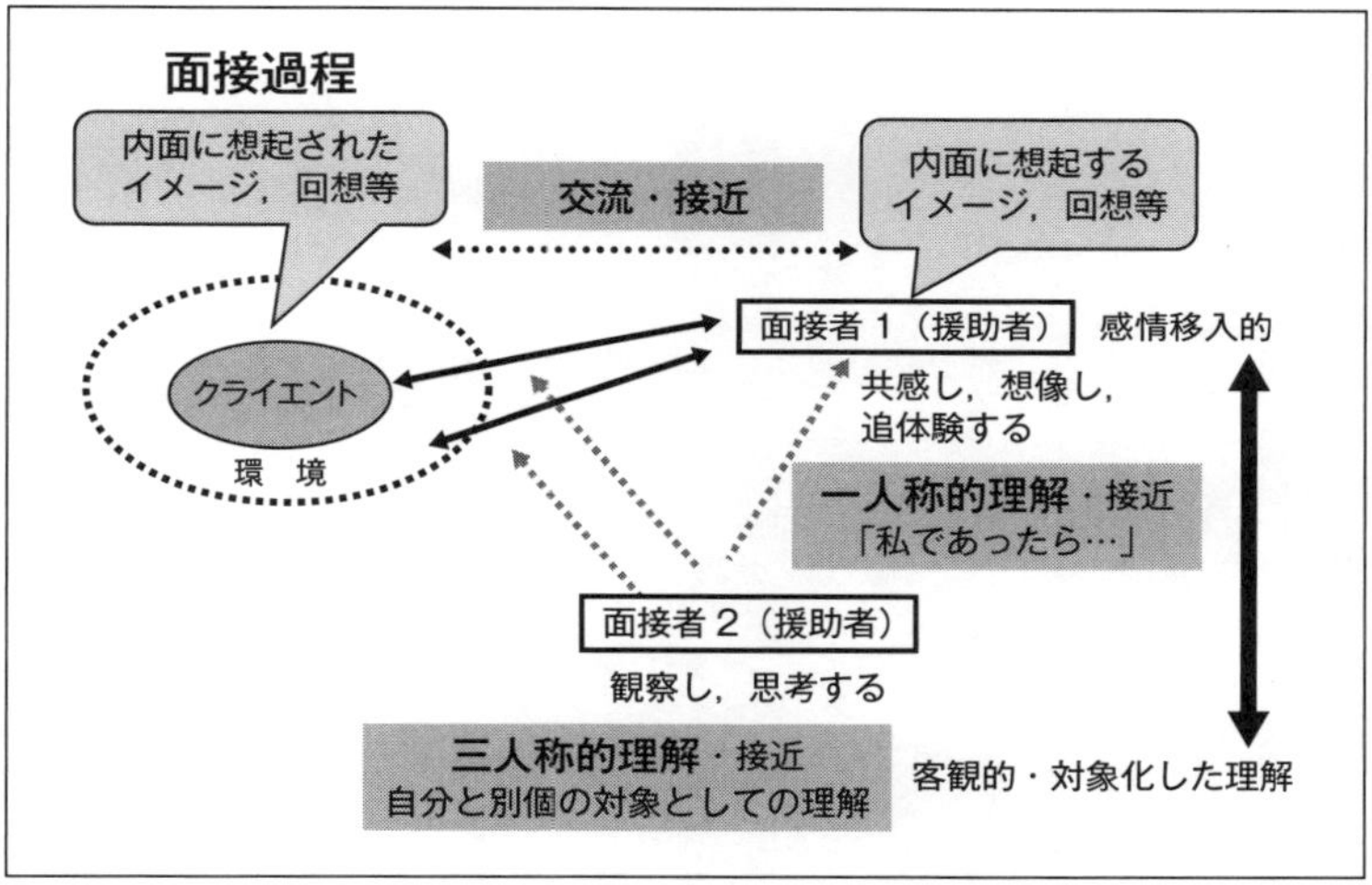

図1　支援者に求められる姿勢

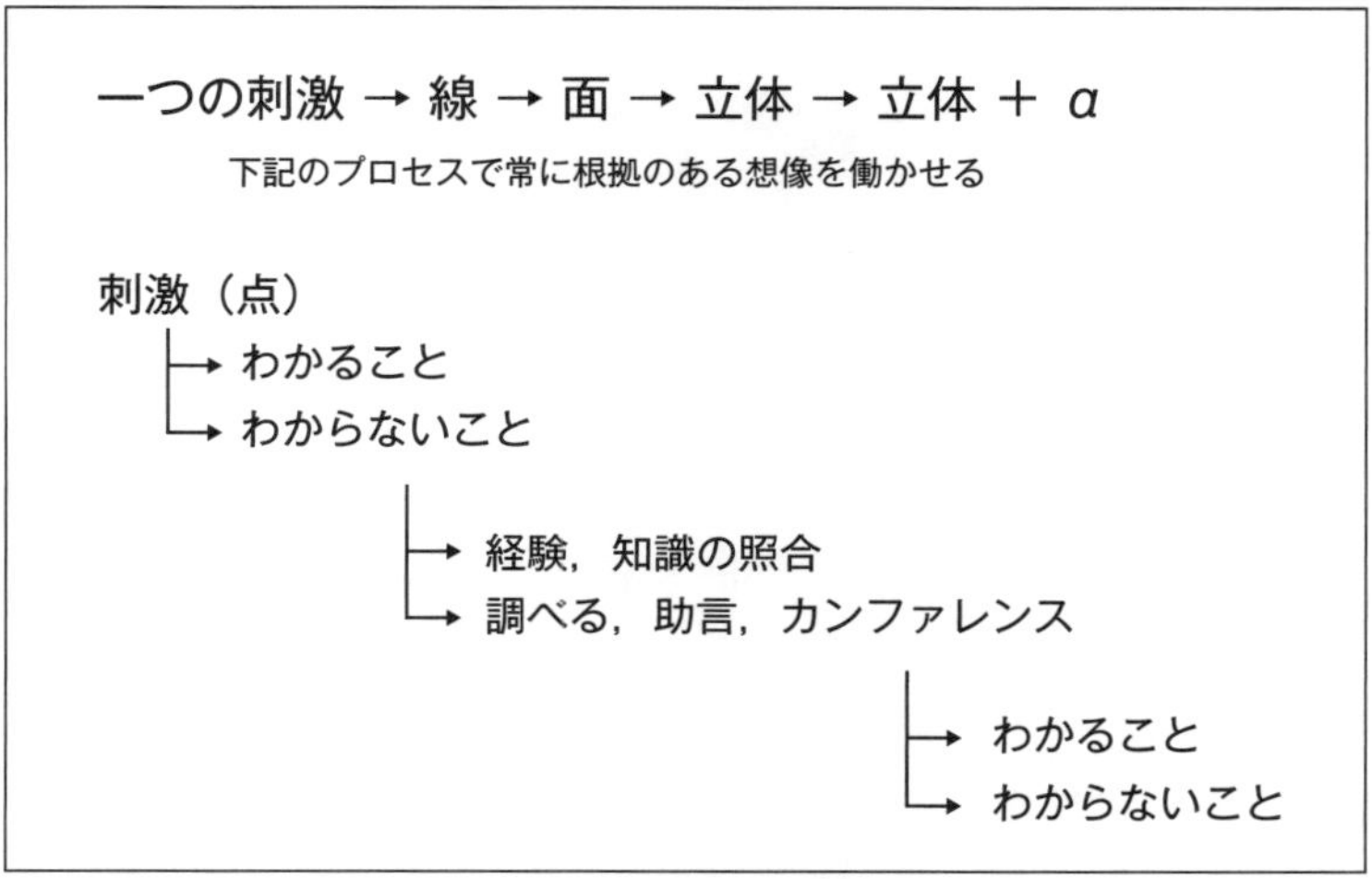

図2　理解が進む過程

え方。

支援者はこの三つのスタンスをバランスよく持ちながら、クライエントに焦点を合わせて注目しつつ、同時に全体状況を俯瞰し、自分の注意を多焦点に働かせている（感覚を総動員している）スタンスを併せ持ちたい。

さて、コミュニケーションの糸口が生じ、被支援者から言語的、非言語的に伝えられることから、理解をどう深めていくかというプロセスを図2に示した。

被支援者を理解すること、アセスメントの過程というのは、支援の過程で、あえて言えば一回の面接過程においても刻々変わっていくものである。得た情報から類型化した捉え方を安易に行って、わかったつもりにならない、むしろわからないところを抱えて、調べ、たずね、検討するなどという過程を大切にすることで、被支援者への理解は深まり、的確なものになっていく。

図3は、一見するとコミュニケーションが難しい被支援者に対し、支援者が持てる知識、経験を駆使し自分のうちに生じてくる感情や思考内容を率直に事実として受けとめ、それに従う流れに添ってコミュニケーションが生まれる、あるいは被支援者に対する理解と繋がりの端緒が現れる過程を示したものである。

意思疎通が極めて難しく思われる被支援者を前に、ほんのわずかな点のような観察事実や伝えられた情報をもとに、それにまつわることを支援者は自分の知識や経験を総動員して想起し、それらの知見を手懸かりにしながら被支援者の今の生活のあり方、これまでの暮らし、どのような感情や考えを抱いているのかについて想像し思い描いてみる。そういうクライエントの体験世界を、仮にそれがほんの一端でも想像したときに浮かんでくる支援者自身の感情や考えを素直に平易な言葉にする、時には言葉が見つからず立

コミュニケーションが生じる面接の過程

・全体状況を思考の視野に入れ、多焦点で観察しながら、その都度必要な焦点化を行う。

⬇

・クライヱントの苦境については基本的に受け身的な姿勢で、しかし微少な手懸かりをもとに知見を総動員して根拠に則って想像力を働かせる，瞬時に

⬇

・クライエントの体験世界を想像すると同時に、自分の内面に浮かぶ感情、思考内容を正直に認識する？　瞬時に、即

⬇

・そこで、クライエントに向かって、独自性があり、平易で明確な言葉を，Visceral な感覚の繋がり

⬇

コミュニケーション

図３　コミュニケーションの生じる過程

ち尽くすような想いで居るその存在自体が、メッセージとして伝わるのであろう。
このプロセスは瞬時のものであるが、ここに支援者の気づく力（相手から伝わるものを即座に類別せずに一度は素直に受けとる姿勢、小さなことも見落とさず気づく）、持てるジェネラルアーツを総動員して考える姿勢が問われている（村瀬 二〇一五）。僅かな点のような気づきでも大切に扱うこと、抽象的な次元での理解に偏らず、被支援者の生活のあり方について具体的に臨場感をもって想像し、被支援者の体験世界を知的にかつ感性的に理解したい。言うまでもなく心理アセスメントのツールや面接技術は有用であり、状況に応じて適用すべきであるが、何れの場合においても、まず根底に被支援者と素直な計らいのないコミュニケーションの繋がりが求められる。次に具体例を述べ、若干の考察を試みる。

三 ［事例］幼い日の微かな平安を想起させた子猫

（事例は本質を損なわぬよう改変されている）

障害者福祉施設長がAさん（三〇代半ば、女性、独身）とその母親、看護師、担当職員を伴って来談された。入所者Aさんの状態を少しでも人らしい生活状態にしてほしい。Aさんは聴覚障害を持ち、両親以外の他者とコミュニケーションを一切拒んで手話、文字など覚えようとしない。その一日は長時間を要する食事と入浴時間、絶え間ない唾吐きの強迫行動で終わる。他者とは視線を合わさず、交流を拒否。人らしい生活を取り戻せるような心理的支援を施設と家族は希望している。相当重篤な状態であり、まずは精神科受診をすすめた。だが、三年前入所後まもなく、精神科受診し直ちに入院したが、強迫行為が激化し、座り込んで全く動かず拒食状態となり、経管栄養で摂食、うつむいて座り続け、絶え間ない唾吐き行為が始まった。

施設では自ら歩き、摂食していた。さらにコミュニケーションは持とうとしないが周囲の気配を捉え微妙に反応していた。石のようではなかったので、退院させ連れ帰り、今は嘱託精神科医を受診している。手話通訳など受け入れず反応しない。好転の兆しの無い状態が二年以上続き、嘱託医の勧めもあって一縷《いちる》の期待で来談したという所長の言葉。「入所者を家族と思っている。自分の家族がこういう状態になったら、何とかして少しは人間らしく……、と切実に思うでしょう」と話す所長に、同行した看護師や担当職員も頷かれる。

第二次大戦後、中国北東部の農村で中国人に育てられた孤児の両親は彼の地で結婚、Aさんが生まれると、そのあたりの農村の習いで、子どもは村の老人が世話し、親たちは全員、早朝から日没まで農作業に従事。六歳のAさんを伴い、日本へ帰国。Aさんは日本語を会得しない中で中耳炎の手術を受けた。日本語をよく解しない両親による予後の手当不良で、術後、Aさんは完全に失聴した。

聾学校へ就学した模様だが、施設入所までの生活歴は不明、家族の話は曖昧。就労経験もあるようだが施設を転々とした様子と。

Aさんは小柄で容姿は一見、三〇代とは見えないが、眉間に皺を寄せ、うつむいて目を閉じている。衣服の選択は品物を手にしてAさん自身の意志を貫くとのことだったが、ピンクが好きで髪飾りのゴムからスニーカーまですべてピンク一色。身体を硬直させ、うつむいたきり。手振りや簡単な手話にも一切視線を向けない。しかし顔を背けているがこちらの気配を感じ取っているかのよう……。

母親は苦悩と不安を凝縮したような表情。Aさんに視線を向けながら、「何も言われないですけど、辛いこと、苦しい思いなど一杯経験されたのでしょうね」という私に向かって母親は、「私だって苦労したのです！」と強くきっぱり言う。

中国北東部の厳しい気候、幼い子どもと離れて終日の労働、見通しのない生活、母国に帰国しても言葉も通じず、周囲とは孤立しがちな生活、さらに一人娘が聴覚障害を持ち、親子でもコミュニケーションがままならない生活……。そのさまざまな生き難さ、運命の不条理を思い浮かべ、私は母親に至らなさを詫びた。母親は一瞬、驚いた表情を浮かべ、彼の地では日本人と知られ、辛い日々だったこと、幼いAさんと共に過ごす時間がほとんどないまま、遂に娘とは普通に会話もできなくなってしまったこと、帰国しても夫婦で引きこもりがちな生活であることを訥々と、しかし必死に語られた。

施設から二時間以上かけて来談されても確たる見通しはない、お役に立てないと施設長に詫びたが、でも何か手立てをと求められた。母親に向かって、手探りしながらですけれども、と問いかけると、きっぱり「お願いします！」と。Aさんは微動だにせずうつむいている。（次回もこのままで時が過ぎては、遠方から時間も交通費もかかるし、人手不足の中で職員も大変……そしてAさん自身はどう受けとっているのだろう？）自問が渦巻いて、職員に尋ねた。「ここへ着くまでの二時間半の道中、何か気づかれたことは？」「そういえば、いつもうつむき、ティッシュペーパーに唾吐きを続けるのに、乳母車に乗った赤ちゃん、電線に止まっている雀、眼の前の道路をよぎる子猫、そちらへ視線をじっと向けました。あら、ものを見ようとするのだと思いました……」。Aさんは雀のようにどこへでも飛んでいきたい、子猫は誰が見ても可愛いと思うだろう、赤ちゃんは居るだけで存在そのものを誰からも愛しく思われる……、そうだ、赤ちゃんになりたい、赤ちゃん時代からもっと違った育ち方ができたら……という内心の言葉にしきれない願いが、雀や子猫、乳母車の赤ちゃんを見て生じていたのでは……と、Aさんの言語化されない願いを咄嗟に想像した。

次回、私の飼い猫を面接室へ伴った。Aさんと母親はバスケットからそっと出てきた猫に駆け寄り（意外に敏捷）、強く撫でながら「マオー（中国語の猫）」と連呼。二人は笑顔になった。三十年余前に覚えた中国語をなお記憶し、聞こえずとも発声して言葉を話したAさん！　日中、村の古老にお守りされていた頃の情景、当時のAさんの思いを想像した。使用することもなかった中国語を咄嗟に想いだし、全く思いがけず笑顔になる……、Aさんは生きることに失望しきっていないこと、生活歴は不明だが潜在的な知的能力は相当にあるのではないか、意欲は一見失せているかであるが、自分らしい自分の生の歩みが欲しいと内心望んでいる、生への希求がかぼそく微かでもあると考えられた。入所までの記録は施設にないとのことであったし今それらを家族に問うことよりも、取りあえず、安堵感、生きる意味と歓びをわずかでも贈ることから始めようと私は戸惑いながらも考えた。

生活を通して、ささやかでも楽しい、自分が主体だという感覚を味わえるように、さらに時間の意味を実感できるようにと意図した。着手できるところから、セッションの経験が残りの施設生活の中にどこか連動し、よい経験が汎化していくことを目指した。

面接時間を昼食時に設定し、付き添いの職員、私と若い同僚心理士の四名でパン食を共にした。パン屋さんで自分が選ぶという経験に戸惑いがちであったが、視線を目的に添って動かし、自分の意志でものを選択すること、そしてお金の使い方にAさんの関心が向いた。無造作に購入して使っていたティッシュを、使い方の工夫やお財布の残金を見て、必要最小限に買うことを私どもスタッフは身振りで必死に時にユーモラスに伝え、お金の使用について現実的なセンスが育つのを促した。

なお、身振りを補う意味で、Aさんが好きな猫をピンク色のクレヨンで描いて提示すると、ぷっと吹き出して片付けを一緒に手伝ったり、拗ねていた気分を立て直すことにもなった。猫の絵で期待される次の行動を伝えることはかなり役立った。あるとき、拗ねてトイレに立てこもったAさんに、ノックや語りかけが通じず窮したが、猫がドアを開けて出てくる絵をドアの下から滑り込ませると、すっと戸を開けて笑って現れるという具合であった。Aさんの振る舞い方が少しずつ社会化されるのにつれて、猫の絵の色はピンクから次第に写実的な色に変えていった。

また、面接時間は有限であること、次回を楽しみに約束することをこれも必死の身振りで伝えていると、食事を楽しみ、きりよく終えることが可能になっていった。視線もあちこち合目的的に動かすようになり、対象を捉えるようになり、考えるという行動が増していった。

この六カ月余の過程で、Aさんは気持が通じることの意味と効用を実感したのであろうか、それまでは習得しようとしなかった手話を覚え始めた。手話を少しだが使えるようになると、施設で小グループに参加し始め、他者の存在を全くないものの如くに振る舞っていたのが、人の輪に加わることも生じた。食堂などでぽつんと孤立していることが減っていった。

昼食のパンを自分も含めた四人のメンバーそれぞれをじっと見て、各自の特徴に応じたパンを配り、その絶妙な観察眼にこちらが笑うと、Aさんも吹き出して笑うようになった。一〇カ月後、「外国人のための日本語学習」というテキストを使用して、Aさんは若い同僚心理士と学習を始め、平易な日常語の筆談ができるようになっていった。

来談途上の駅前広場での洗剤の宣伝に、Aさんは付き添い職員の促しを振り切って何度も列に並んでは見本の洗剤を数多く貰った。いぶかっていた職員は、Aさんは自分のために多く洗剤見本を貰ったのではなく、私たち二人の面接者にプレゼントする目的だったと知って、利他心が現れた……、と感動された。

ほぼ一年後、強迫症状もほとんど消失し、施設での生活も相応に他者と共に振る舞うようになった。また文章も時間的展望、希望や期待を書くようになって上達した。コミュニケーションを職員はじめ他者と控えめだが持つようになった。職員間に「かかわり方によって、人は変わるのですね……」という感想が交わされ、職員たちはそれまでにもまして、入所者の適切に表現し得ない思いを汲み取ろうとされるようになった。遠路からの来談は終了とした。

その後、十数年余が過ぎた。Aさんは程よく人と距離をとって是々非々マイペースを保ちつつ過ごされておられると伺った（村瀬 二〇〇五）。

四　この経過を振り返って考えること

この支援経過は、Aさんとその日々の生活の場となっている施設、家族の方々の日々が少しでも生きやすく穏やかなものになるようにささやかな伴走を一時期したものである。いわゆる典型的な心理療法の過程に現れる、ツールを用いたアセスメント、見立て、来し方の生育歴、病歴、家族の状況を詳細に知ることなど、いわゆる標準化された心理療法の技法をそのままのかたちでは用いていない。着手できるところから少しでも生きやすく、クライエント本人にとって意味があり、役立つこと、そして支援者として責任を負える範囲のことをと考えた。これだけの症状や生活状態から、その原因、来し方の生活歴は相当に苛酷であったことが想像されたが、まずはクライエント本人の生に少しでも苦痛の緩和、歓びをもたらしたいと考えた。ただ、何気ないかかわり方の行為には、先人のさまざまな理論や技法を思い浮かべ、枚挙に暇が無いほど応用させて戴いていることに感謝したい。

おわりに

人のこころとは、その人が自分をどう捉えているか、人やもの、ことにどうかかわるか、そこに現れていると言えよう。生活を確かに視野に入れるとかかわりの緒は見えてくるように考えられる。

心理的支援に際して、基本的に留意したいことを次に挙げ、むすびとさせて戴く。

①基本的に人として遇する（青木 二〇一七、中井 一九八五、村上 二〇〇七）。

②今、これからを大切に考える。強いて聞きださない。逆説的だが今、これからを考えることを通して、過去経験が生きる意味を持って回想されたり、自己理解が生じたり、自己理解が深まる場合が少なくない。

③現実は、既成の、理論や技法をしばしば超えている。先端の知見を学びつつも、それにこと足りるとはせず、個別に即応して考え工夫をする。

④支援者は、二律背反状況の中にいかにバランスを取るかが常に問われている。相手に寄り添い、追体験をしつつ理解に努めながらも、自己を相対化して捉え、目的、責任性、所属機関の役割、自分の力量や器について常に考え、バランス感覚を維持するように。

⑤責任は自覚するが、相手と「共に」という基本姿勢を持ち、被援助者の自尊心を大切にする。

⑥一人で抱え込まず、チームワークやコラボレーションを大切に（家族、専門機関、時には非専門家も大切なリソース）。

⑦たとえ問題と見える家族でも、その行為には必然性がある。援助者はそれをこころに留め、支援の過

程に、家族が自然に参入し協力するように考える。
⑧支援者は、不確定な状況に耐える力を持つように、そして新しいことに開かれている。
⑨援助を受ける人の内心の痛みに想いを致していること。
⑩心理的支援の力量に上限はない、常に学ぶ姿勢を。

文献

青木省三（二〇一七）『こころの病を診るということ』医学書院
APA Presidential Task Force on Evidence-Based Practice (2006) : Evidence-Based Practice in Psychology. American Psychologist.
伊勢田堯、長谷川憲一、小川一夫編（二〇一二）『生活臨床の基本』日本評論社
岩壁茂（二〇〇八）『プロセス研究の方法』新曜社
村上伸治（二〇〇七）『実戦心理療法』一八七－二三三頁、日本評論社
村瀬嘉代子（二〇〇三）『統合的心理療法の考え方』金剛出版
村瀬嘉代子（二〇〇五）『聴覚障害者への統合的アプローチ』日本評論社
村瀬嘉代子（二〇一五）『心理療法家の気づきと想像』金剛出版
中井久夫（一九八五）『中井久夫著作集第二巻　治療　精神医学の経験』岩崎学術出版社

「本当に必要とされる心理職」の条件

村瀬嘉代子
熊谷晋一郎

一　当事者研究——個別性を束ねる理念の地殻変動

熊谷　このたびは対談にお招きいただきありがとうございます。私は生まれつき脳性まひという障害をもっていて、車椅子に乗って生活をしています。心理職の方とは小さい頃からつきあいがあって、それは動作法というリハビリテーションにまでさかのぼります。大学に入学してから親元を離れて一人暮らしや自立生活を試みるなかで、心理職やソーシャルワーカーの方に相談する場面もありました。そして小児科医として仕事を始めてからも同僚として出会ったりと、人生のさまざまな段階で心理職の方との出会いがあります。もちろん互いに知っているようで知らないことも多いでしょうし、誤解もあるかもしれませんが、これから地域中心の対人支援を展開していくうえで、職域を超えた連携は避けられないと考えています。そのために自分にできることは何かと悩んだ時期もありましたが、その頃にはじめて当事者研究と出会い、脳性まひ当事者の経験と専門知識をつなぐ仕事が自分のライフワークだと考えるようになりました。かつては身体障害者の当事者運動に傾倒していた時期もあったのですが、三〇歳を過ぎた頃から体に痛みが出るようになり、当事者運動の言葉だけではその痛みが癒えないことも知り、当事者研究により深く関与するようになりました。現在は東京大学先端科学技術研究センターで当事者研究分野を専攻して、当事者の経験と医学の専門知識をブリッジする研究に仲間たちと携わっています。

村瀬　村瀬でございます。私は半世紀前に家庭裁判所の調査官（補）になり、当時は生物・心理・社会モデルなどという表現はございませんでしたが、非行少年や家族の問題に出会って、こころの問題、人の生き難さの背景には器質的、いわゆる生物学的要因を基底に、親子をはじめとするさまざまな社会的関係から生じる要因が輻輳しており、明快に理論的に捉えきることの難しさを感じてきました。自分の立ち位置を自覚しながら、クライエントに対しては、個別的に多面的に観察し、多軸で考え、多面的にかかわろうという姿勢で今日に至りました。産業以外の司法・矯正、医療、福祉、教育、とさまざまな領域で実践しつつ、教育・研究に携わって参りました。今日はよろしくお願いいたします。近年は重複聴覚障害を持つ方々、社会的養護児童の支援にかかわって参りました。今日はよろしくお願いいたします。熊谷先生がなさっていらっしゃる当事者研究は、言葉から想像すると特別な方法論であり、今までにないまったく新しいものと人は思うかもしれません。ですが、『リハビリの夜』というご著書を読みますと、その印象は一転、本質的で大切なことが端的に書かれているとわかります。支援というものは、それを受ける人がどのように体験しているのか、そしてどのようにその人の役に立っているのか、ということがアルファでありオメガです。むしろそれこそが王道で、今まさに静かにその動きが進行しているとさえ思えます。それに自分で疑問をもって調べなくても、スマホを見れば、たとえ宇宙のことでもすぐにわかるかの如く思われている時代ですから、たいていのことがわかった気になってしまいます。ただ、その瞬間はわかった気になっても、自ら考え抜いて試行錯誤のなかから確かめなければ、生きた知識や技術としては使いこなせません。

本来はそれこそがクライエントに提供すべきものですが、先に方法論ありきという演繹的な時流が一方では押し寄せています。ご著書をつぶさに読んでみますと、相手の体験世界をどれだけ正確に追体験するかを大切にしていらっしゃって、むしろこれを経ずして確立された方法論は評価が定まっているとしても真ではないことが非常によくわかります。当事者の体験は納得がいかない思いや苦しみの訴えに満ちていますから、その感覚や息づかいまでもリアルに伝えるためには、どこかに客観的な視点も必要です。客観的でありながら体験過程をいきいきと伝える文章って本当に難しいことなのに、熊谷先生のご著書を読むと、それがどういうことかがよくわかります。

熊谷　ありがとうございます。本当に光栄です。村瀬先生のご著書はまだ十分に読み込めていないのですが、読み進めるなかで共感したのは、個別の技法を上位で束ねる理念や哲学の部分です。たとえば当事者の生きている世界から出発するというご指摘、あるいは発見こそが治療の転機だというご指摘などには感銘を受けました。そして、そのような発見をどう導いていくか、そのための仕組みを少し引いた立場からどう整えるか、認知行動療法や精神分析といった個別性を超えた理念、つまりＯＳの部分をしっかりと書き込んでいらっしゃいます。

実は当事者研究も同じ階層にあると思うんですね。当事者研究でも、たとえば認知行動療法を発見の手立てとして使うことがあって、研究という言葉を使う以上は治癒より発見を重視します。当事者研究には研究の副産物として治癒がもたらされるという力学があって、だからこそ「研究」という言葉を重視するアプローチになっているとも言えます。ですから心理職の方々が洗練させてきた技法を当事者の文脈に合わせてみると、世の現象はまったく違った相貌を帯びてくる。自分の生活に役立つものを取り入れるために、当事者研究ではよく自分を題材に実験をしますが、これも心理療法からの応用ですよね。

技法論や方法論の垣根を越えて何かを発見するためのプラットフォームとして、当事者研究はゆるやかな理念や実践の方向性を模索しますが、この当事者研究が日本でも徐々に広がりつつある機運を実感しています。

村瀬　浦河べてるの家が今のように有名になる前、その試みのことを知ろうと、ビデオ資料を取り寄せて勉強したことがあります。「こうすればこう治る」という方法論は大事なことですが、一方で、浦河べてるの家での一人ひとりの暮らしや自分の病気に対する姿勢は、演繹的な方法論とは相容れないところがありますね。ある疾患が完治することはなくても、自分の状態を視点を少し変えて客観的に捉えて、自分で自分の状態を考えている気持を思い、あるいはとてもつらいときに身をかがめるような気持で過ごす。そうすると少し生きやすくなる。ですから当事者研究も研究である以上は「新たなもの（neues）」を見つけて、それによって生きていることでその人なりの意味がもたらされる。はじめて浦河べてるの家の資料を読んで、私はそう思いました。

熊谷　「新たなもの（neues）」の発見、まさに当事者研究の要点ですね。今、対人援助の現場で起こりつつある地殻変動は、おそらく具体的で個別的な技法のレベルではなく、OSのレベルにおいて起こっています。その兆候のひとつが当事者研究として現れているのだろう、というのが私の理解です。

二　エビデンスのパラダイムシフト——当事者中心のエビデンス生成

村瀬　一方で、今は費用対効果とエビデンスがかつてなく求められる時代です。エビデンスって数字で測れてグラフに表せるものと思われがちですが、私は必ずしもそうではないと思います。人が生きるうえでの本質的なエビデンスは、尺度や方法論にはなじみ難い、むしろ一人ひとり個別のものではないでしょうか。

熊谷　そうですね、エビデンスはまさに個別のものです。

村瀬　熊谷先生はこのことを「地殻変動が起こりつつある」という言葉でおっしゃったのですね。つまり、少し認識を改めなくてはならないという雰囲気をお感じでしょうか。

熊谷　二〇一二年に“The New England Journal of Medicine”という臨床医学の専門誌に、「患者中心のアウトカム研究」に関する総説論文が投稿されています（Gabriel & Normand, 2012）。この論文では、臨床研究のなかで重視されてきたキーワードの変遷が、その背景にある要因とともに表にまとめられています。一九四〇年代は初のランダム化比較対照実験（randomized control trial：RCT）が行われ、一九七〇年代にはメタアナリシス、一九九〇年代はエビデンスに基づく医学（evidence based medicine：EBM）がキーワードでした。そして、二〇一〇年代における臨床研究のキーワードとして挙げられているのが“patient-centered outcomes research”です。支援や治療が目指すべきゴールはもはや専門職だけでは決定できない時代になったという事実が突きつけられたことになります。

村瀬　当事者の外にある尺度ではなく、当事者がどのように意味のある体験をしているかということがエビデンスを決定する。それは真に生きるということの本質からすれば当然のことですね。

熊谷　ええ、当然だったはずです。ところが一九六〇年代までは、医学の力で病は完治するという「幻想」が機能していました。とにかく病院に行けば治してもらえるというファンタジーが多くの人にとって説得力をもっていた時代までは、ある意味では専門職が回復の基準を決めていたわけですから、ユーザーも納得せざるをえなかったわけです。ところが、高齢化や価値の多様化などによる重複的疾患が、社会において無視できない数にまで徐々にふくらんでいったときに、クライエントの個別性もまた無視できないものになってきました。たとえば目の前の患者さんが、糖尿病で、統合失調症で、高血圧で、メタボリック・シンドロームだったとしましょう。それに家族関係という要素も含めて考えていくと、症状一つひとつに対するエビデンスをいくらリサーチしても、その総計をもって個別の患者さんにたどりつくことは絶対にできない。ですから必然的に、この患者さんにとってのベスト・プラクティスとは何かということも不透明になります。重複した問題を抱えた患者さんに対してどれほど多くの臨床検査を試みても、それだけでは患者さんに届かない――この厳然たる事実がコンセンサスとして医学の世界にもせりだしてきています。そして、既存の手法ではない形式でエビデンスを考えなければ、いくら巨額な資金を投入した大規模リサーチをもってしても、目の前の一人の患者さんに届かないことが明らかになりつつあります。リサーチによってサンプルとして得られた知識が現実にフィットしないわけですから、コスト－ベネフィットという側面から見ても、エビデンスの認識は今後大きく変わっていかざるをえません。そのような状況を「当事者中心（patient-center）」というキーワードは言い表しているわけです。

では具体的に、当事者中心のエビデンスをどのように示せばいいのか。今まさに問われているのはそのことです。私たちが採用してるのは質的なものと量的なものをミックスさせる“mixed-method”という方法で、この方法がどれくらい説得力をもつのかは、これからの大きな検証課題になるでしょう。

三　ポスト・エビデンス主義――「私たちはサンプルではありません」

村瀬　私は家庭裁判所調査官として仕事を始めた二〇代の頃から、目の前の事実に自分の臨床が本当に合致しているか考え悩み、なるべく偽りなく今日できることをする、ということを心がけてきました。少年事件や家事事件を担当してきましたので、前例や基準は重要でしたが、それでも事件は一つひとつ違っていて、事件ごとにかかわる一人ひとりに対して個別に考えることを常としてきました。事件の被害規模に対して妥当とされる処分が想定されるのは社会的通念からして当然ですが、自分の知識と経験、それらを透過して湧き起こってくるプラスとマイナスを含めた考えや感情を、良いことも悪いことも含めて正直に相手に投げかけてみると、それまでは嘘をついていたり何かを隠したりしていた人も率直に真実を話してくれました。通常ならば駆け出しの新人が担当することのない難しい人と相対していると、ふと素顔が見えることもあって、「案外、人には可能性があるのかもしれない」と思っていました。ただ、そのための確立された方法論も基準もないことですから、ケースに応じて考えていくほかありません。そのせいか私は「臨床心理学の枠から外れている」と言われることもあるのですけれど……。

熊谷　なるほど……。

村瀬　ほかにもこんな出会いをしたことがあります。私が初めて出会ったときは幼児だったのですが、その後は大変な状況のなかでも節度をわきまえてその人なりに暮らしている方です。この方が五〇歳になって「自分は一人ぼっちの誕生日だ」と言われるので、思いきって一緒に勉強をしている若い人たちを誘って再会を致しました。それから半年後、この方が軽い脳梗塞になったことを知りました。きっといつも決まったものしか食べていないだろうからと食事に誘ったのですが、しばらく電話の向こうで沈黙があり、「いえ、一人でやってみます。先生もすごく忙しくて大変でしょうから」という答えが返ってきました。理想的なバランスの取れた大人とは違う方かもしれません。それでも本人のリソースを駆使して、頼らなくてはならないところは人に頼り、しかし他人にすがりついたりはしない。つまり、「人としての誇り」という言葉がふさわしく生きている人を見た思いがしました。このように本人が複数の選択肢から選べるようにすること、本人がわかるように説明しながらケアすること、それが援助者の仕事だと私は思っています。

熊谷　「こういう治療法もあるし、こういう治療法もある」と言われるだけでは、目の前に輻輳的で困難な現実が広がっている当事者には響きません。インターネットが発達して、一般の人でもエビデンスを調べようと思えば調べられる時代にはなってきました。ですが、その作業にはある種の徒労感が拭い去れません。どれひとつ確実なエビデンスなどなく、特定の療法には必ず限界設定がなされていて、自分の今の状況に完全にあてはまるものは何ひとつないことが、調べればすぐにわかる時代に私たちは生きているからです。それは同時に、自分の問題を専門職に任せっきりにはできないということでもあります。したがって新しい治療法も拒絶せず貪欲に吸収し、回復の手立てを自分が発見していくスタンスが、必然的に当事者にも求められます。それは自分が認める手法を得手とする専門職からすれば、都合のいい「ブリコラージュ」に見えるかもしれませんが……。

村瀬　でも、理論を実証するためにその人の一生があるわけではないですよね。

熊谷　その通りです、私たちはサンプルではありません。専門職は目的と手段を取り違えないようにしなくてはなりません。手段であったはずの治療法が自己目的化しては本末転倒ですから。人というものを手段化してエビデンスのためのサンプルとするようなサイエンスは終焉を迎えつつあります。当事者が生きやすくなることが目的としてあり、そのための手段としてサイエンスや技法がある。この目的と手段をちょっと正しい方向に戻さないといけないのでしょうね。

村瀬　今のお話、私も同感です。そのためには専門職の教育や養成も見直す必要があるのかもしれません。

たしかに知識や技術は身につけなければならないものですけれど、それを通して物を見ることが習慣化すると、輻輳する現実から、自分の限定された知識や技術に合ったものだけを自動的に拾ってくることにもなりかねません。そうではなくて、ピュアな気持で現象を見る。そういう教育ってとても大事ですよね。

熊谷 そうですね。村瀬先生が書かれたもののなかにも責任性の概念や倫理の概念が登場して、それらを引き受けることが教育のコンテクストで語られています。専門職が当事者と同じリアリティを共有しようとすると、当事者におけるある種の降りられなさという問題が明らかになって、降りられる支援者と降りられない当事者という非対称性がこれまでは焦点化されてきました。目の前の問題から降りられない当事者が「待ったなし」の状況にあるという事実、おそらくそれこそが当事者研究のドライビング・フォースになっています。このポイントを見誤ると当事者研究にはたどりつけず、専門職に解決を丸投げすることになるのでしょうね。ある意味でこれまでの当事者は、自分自身の症状や障害や状態への責任を免除されてきたとも言えます。専門職が解決と解消の責任を担ってくれるから、当事者はコンシューマーとして解決と解消を購入する。つまり当事者はこれまでずっと受動的なエンドユーザーとして存在していました。ですが、これからはそうではありません。専門知ではない「無知の知」を自分で引き受けて、もちろん人に頼りながらも解決や解消の最終的な責任を自分で負うとき、ひとつの当事者研究が新たに始まります。それは専門職でも同じことです。自分では力がおよばないからチームに委ねるということも含めて、目の前のクライエントから降りない姿勢こそが重要で、そこに専門職の倫理はある。

四　身体感覚の翻訳＝移送（Übersetzung）――怯えのなかでの関係性

村瀬　逆説的ですけれど、相手を理解すること、目の前の状況を正確に捉えることは、自分をよく知ることと地続きにあります。これまで専門職が自分を知るということはあまり強調されてきませんでしたが、ナルシシスティックに自分を惚れ惚れと見直すとか、不必要なまでに自己分析をして自分に意味づけをするのではなく、「自分のキャパシティはどれくらいか」「目前の課題に対して自分に何ができるか」ということは、自分のことがクリアにわからなくては判断できません。自分を正確かつ相対的に捉えるということは、これまでの心理職の養成課程ではあまり強調されてこなかったように思います。熊谷先生のご著書には女子大生が出てきて……。

熊谷　「ランバダ」を踊る女子大生（注）ですね。

村瀬　あのような経験は、よくあったのでしょうか。

熊谷　そうですね、非常に馴染み深い経験です。

村瀬　そうですか……それにしてもご著書のイラスト、なんとも言えない味わいですね。熊谷先生の文章をビジュアライズするのは至難の業だと思いますが、イラストレーターの方との相乗効果が生まれたわけですね。

熊谷　ブックデザイナーの祖父江慎さんがイラストレーターの笹部紀成さんを紹介してくださいました。まず祖父江さんに本の内容を言葉で伝えると、祖父江さんが私の目の前で体の感覚を形態模写してくれたんですね。「脳性まひの体の緊張はこうかな?」って言いながら床でのたうち回って、まず祖父江さんが身体の内部から追体験して、そこからイラストレーターに発注をするわけです。祖父江さんの身体感覚を翻訳する感性は本当に素晴らしいものでした。

村瀬　今のお話から、人の心理にかかわるときに「身を添わせる」という言葉を軽々しく使うことに対する私の違和感の理由がわかったように思います。本来の「身を添わせる感覚」や「共感」を現象に則して言うと、熊谷先生と祖父江さんの間に生まれた、鍵穴に鍵がカチリと合うような感覚のことではないでしょうか。

熊谷　そうですね。そして私にとっての「身を添わせる感覚」は日常的なものでもあって、主に介助者との関係で身体が浸透しあっています。介助者に自分の無防備な身体をさらすとき、どうしても私には怯

（注）「あれは小学校の高学年のころだっただろうか。／キャンプの最後の夜に、トレイナーもトレイニーも親たちもみんな集まって、キャンプファイヤーをしたことがあった。大きく高く燃え上がる炎の周りをぐるりと輪になって、定番の「も～えろよもえろ～よ～」で始まる歌を歌い、そのあと、当時はやっていた「ランバダ」という情熱的な曲に合わせて、みんな好き好きに踊っていた。／ある偽善的な女子大生トレイナーが私のところにやってきて、私の手をとって私の周りをぐるぐると回りはじめた。偽善というのは、脂ぎってぎらぎらしているからすぐにわかる。キャンプファイヤーの炎は、彼女の顔にみなぎる偽善の脂を、じゅうじゅうと燃やした。すでにひねくれはじめていた私は、「障害者とも踊る私」という押し付けがましい自意識をその女子大生から感じ取ってしまい、むすっとしていた。／しかし同時に思春期突入五秒前の私は、女子大生が放つ、はちきれんばかりの粗暴な生命力に魅了されてもいて、正直少し嬉しかった。まあ偽善であっても、リハビリ室とは別のかかわり方で私と踊っていることに違いはない。私は油断していた。そして、ちょっとリズムに合わせて踊ってしまった。／そのとき、私の手をとっていた女子大生の手が一瞬ひるみ、私の手から離れていった。／彼女の姿勢と表情は、私から少しはなれたところで、みるみるうちに硬く冷たいものへと構えを変えた。そしてそのトレイナーはあろうことか、「もう少し手が伸びたらいいわね」とか言って、私の手を伸ばしはじめたのである！／彼女は急に私との関係性のモードを、《ほどきつつ拾い合う関係》から《まなざし／まなざされる関係》へと切り替えたのだ」（熊谷 二〇〇九［八一－八二頁］）

える気持が芽生えます。そして同時に、相手の次の動きを読もうとする気持も生まれてきます。武道のように相手の次の動きを素早く読むためには、身を添わせるのが一番です。それも怯えのなかで相手の動きを読まなければなりません。

村瀬　そこにはとてもシャープでオブジェクティヴな感覚もありますでしょう?

熊谷　ええ、そうなんです。相手と距離を取りながらも深く相手の内部に入っていく感覚で、次の一手を読まなくてはいけませんから。それに相手が自分に身を添わせてくれているかどうかは一瞬で触知できます。言い換えると、相手がちゃんと怯えてくれているかどうかということですね。もちろん私に対する敬意があってもいいのですが、「次に熊谷はどういう気持でどう動くだろう?」ときっちり怯えてくれているかどうかは直感的に伝わってきます。逆に自信満々で怯えていない介助者は怖いですね。

村瀬　そのとき熊谷先生がどこかモノ化されていて、人としての自尊心が少し損なわれているということでしょうか。

熊谷　もちろん自尊心も損なわれますし、端的に危ない介助になりますね。私の身体を運ぶときに落としてしまうかもしれませんし、介助者自身が腰を痛めてしまうかもしれません。相手の身体に入り込んでくれる介助者、つまり身体に入り込み合える介助者でないと、介助される私の安全も脅かされます。

村瀬　この身体感覚について、自分の若い頃のことを思い出していました。家庭裁判所で重い刑事事件を起こし、相当に屈折した少年たちを担当していたときのことですが、私が若くて女性で物理的な力がないから相手に圧倒されたかというと、必ずしもそんなことはありませんでした。相手が攻撃的衝動を抑えられなくて爆発するように見えても、私のほうはどこか冷めていて、自分なりにこの場においてどれくらい責任をもつのか、実力は不十分ながらもどこまで力を発揮するのか、自分でも嫌になるくらいクールな感覚で状況を見つめていました。そして一方で、相手もきっと不慣れな環境に置かれて不安だろうという感覚もあって、私と相手との感覚がその時その場所において交差して、不思議と相手も荒れたりせず素直に言葉が出てくるという経験をしました。この感覚、熊谷先生のおっしゃることとどこか通じるところがあるでしょうか。

熊谷　まったくそうだと思います。想像するだけでも気迫を感じますし、村瀬先生の凛とした佇まいは武道家の帯びる殺気に匹敵するものかもしれません。それでいてどこか温かみも感じさせますし、絶対に手が届かない感じもします。介助者のなかにもそういう人はいて、私は殺気に近いものを感じますし、また凛とした殺気を感じる介助者になら身体を預けても大丈夫だという感覚もあります。

五　対人援助者の条件――自己と他者に慄《おのの》きながら

村瀬　怯えとともに身を添わせる感覚という身体介助に関するご意見は、今回の対談のテーマ「心理職に期待されること」にも通底していて、それを備えていることが対人援助職の要諦ではないかと思います。

熊谷　一般に優れた対人援助職に共通しているのは、おそらく距離感と相互に乗り込み合う感覚とが両立する佇まいではないでしょうか。

村瀬　非常に矛盾したものが共存しながらも、しかし当人がそのことを誇示するのでもなく、つねに進行形で、慄きながらそれを併せ持っている。

熊谷　他人に対して凛とした佇まいをもつだけではなく、自分に対しても凛とした佇まいをもつということですね。ここは当事者運動と当事者研究が分岐する場所かもしれません。それは自分の情念と一体化することと、情念を生きながらそれを客観的に見ることとの違いで、この二重化した自分は当事者研究で非常に重視されていることです。相手と向き合うときの二重化だけではなく、自分と向き合うときの二重化こそが大事なポイントで、私は当事者運動から当事者研究への歴史的展開のなかにその変化が見いだせると考えています。もちろん当事者運動を否定するつもりはありません。研究で発見されたものを社会に深くつなげる作業のためには、二重化している自分、つまり冷静に見つめている自分と怒りに駆動される自分が交互に行ったり来たりしなくてはなりませんから。一方で当事者運動以後の当事者研究には、自分に対しても他人に対しても凛として振る舞う二重性があって、私はそこにポスト当事者運動の可能性を見ています。

村瀬　最近は「凛とした」という言葉があまり使われないようですけれど、自分に対しても目の前の事象に対しても凛とするということが、対人援助職に求められるものでしょうね。

熊谷　予測不能な自分のこころの動きに対して、あるいは他人のこころの動きに対して慄くところは誰もが一緒だと思いますが、そこには分岐もあります。たとえば凛とする佇まいに行き着かなくて、慄いて解体してしまうこともあるかもしれません。他者への慄きを否認して、特定の療法を使って強権的に他者を押さえつけてしまうこともあるかもしれません。けれど、そうではない方向へ進まなくてはならない。難しいことですけれど、自戒を込めてそう思います。私自身も慢性疼痛を患ったとき、ちょうど『リハビリの夜』を書き終わった頃だったのですが、予測不能な自分の身体の変化に慄き、寝たきりになって、凛として向き合えない時期を経験しました。そのときにそれこそ改めて心理職の方をはじめとする対人援助職の方に久しぶりに救われる経験をしました。小さい頃はユーザーとしてつきあい、そのあとの障害者運動のなかで距離を置き、そして二次障害として自分の身体に衰えが来たときに再び出会いなおしたといいますか……。

村瀬　心理職に期待するものとは、つまりそういった姿勢を備えつづけるということですね。人に優しく温かくあることは何かと理詰めで問うては、上から目線で相手を助けることにもなりかねません。そして先ほどおっしゃったように、「この人なら身体を預けられる」と思える介助者に共通する空気感を相手に提供することは、未完成の部分を抱えながら仕事を続けることにもなり、不安や焦りを伴うものでもあります……。

熊谷　年齢とともに身体は変化します。そして身体を取り巻く状況も変化します。もちろん対人援助職も人間ですから、日々慄いて生きているはずですよね。対人援助職もまた援助する相手に対してつねに進行形でしかありえない。その意味で、どこかで完成してしまうことも終わることもできない対人援助職もまた、一人の当事者ではないでしょうか。

村瀬　つまり、双方ともに当事者としての支援者と被支援者は、一緒に研究し考えるほかないということですね。これまでは支援者が支援を提供するという一方向の構造で物事が考えられてきましたけれど、今までお話ししてきた現象の実態はどうやらそうではない。支援者と被支援者は一緒に模索していて、支援者はほんの一歩進んでいることに職業上の責任を負うにすぎません。しかし、そのプロセスにおいて共同作業をしているという感覚は必須だと思います。

熊谷　一九七〇年代に一度、専門職と障害当事者が袂を分かった時期、いわば障害者運動が反専門職に舵を切った時期があったと思います。ただ私はそれ自体が両価的といいますか、否定も肯定もできないものので、むしろ大変重要な遺産を残したことは事実であり、アンチテーゼとして今でも生きているものだと考えていて、それが再び当事者研究という形で合流しつつあると考えています。専門職もおそらく当事者性の重要性にかつてないほど気づきはじめていて、当事者の側もまた「無知の知」の価値に気づきはじめました。かつての当事者運動は、知の所有権を自分の手許に取り戻そうとした運動と解釈できます。「私のことは専門職ではなく、私が一番よく知っている」という形で、知の所有権を奪還しようと試みた動きだったわけですが、その大きな動きから置いていかれてしまった当事者もいました。当事者研究はそれを看過せずに掬《すく》い上げていきます。あるいは、高齢化や二次障害によって障害者が専門職に頼らざるをえなくなる局面はきっと訪れるはずですから、そのためにも今また当事者と専門職とが慎重に歩み寄りはじめている息づかいを感じているところです。そのときにキーワードとなるのが、当事者研究でいうと、この前向きな無力さ、「私のことを私は知らない」という認識です。これはつまり「私のことは私が一番よく知っている」という当事者運動の側面が一部、再考を迫られているということで、だからこそ「私のことはよくわからないからこそ研究対象になる」という「発見」が、当事者の側から当事者研究というメッセージとなって表出してきているのだと思います。

六　個別性のなかの普遍性を「発見」する――アイロニー・メタファー・二重性

村瀬　今日の対談の冒頭で「発見」ということを繰り返しおっしゃっていましたが、その意味がくっきりと伝わってくるお話でした。妙にわかった風を装ったり、既成の考え方をベースにして立ち止まったりすることとは逆の姿勢ですね。障害や疾病をもって生きることは、もちろん立ち止まることもあるけれど、そのなかで少しでも生きやすくなるにはどうしたらいいかと考えることで発見もあります。たとえば外から見たデザインは同じでも、自分の体調に適した生地を選ぶといった、本当に微妙なことにも発見はありますよね。ですから、普通に元気な人が量的に考えて価値があると思うことと、本人にとって実際に価値があることとは、微妙に一人ひとり違うということを的確に発見するのが、当事者研究の発見がもつ大きな意味ということですね。

熊谷　そうですね。本当にささやかなことでも、その人のストーリーのなかでは劇的な意味をもつことがありますから。たとえばある統合失調症の方のケースで、ずっと暗殺集団に狙われていると思い込んで逃亡していたけれど、当事者研究の仲間から「検証してみたら?」と言われ、三日間池袋で路上ライブをすることになった人がいます。暗殺集団に狙われているのですから、それは生死を賭けた計画遂行ですよね。それでも腹をくくって実験をしてみたら、なぜか殺されずにすんだわけです。そこから「もしかしたら暗殺集団なんていないのかもしれない……」と気づくのですが、これこそまさに当事者固有の「エビデンス」ですよね。三日間路上ライブをしても殺されなかったというこのエビデンスは、その人の人生にとって限りなく大きな情報量をもっているはずです。

村瀬　しかもそれは自分が勇気をふるって得た結論で、人から与えられたものではないのですね。

熊谷　仲間の按配《あんばい》っていうのもおもしろくて、実験を提案する仲間もみんな妄想や幻覚の経験者なのですが、自分の妄想には真剣に悩むけれど他人の妄想にはちょっとシラけているといいますか。だから少し強気の按配で過激な実験を提案できるところに、私は当事者研究のおもしろさの一端がある気がしているんです。妄想の内容そのものには寄り添っていないけれど、妄想するという「感情」には寄り添っているという不思議な感覚。暗殺集団はいないということは、周囲の多くの人からすると最初から自明だったわけですから発見でもなんでもないけれど、その人にとってはきわめて大きな「発見」となる。

村瀬　自分は病を治してもらう存在だと思っていたところに、一番中心となるテーマに自分の力で介入するわけですから、きっと大変なことですよね。

熊谷　ええ、本当に劇的な発見なんですよ。私はその発見の価値の大きさが、きっとこれからのエビデンスのキーワードになると思います。当事者の物語のなかでの発見の情報量の大きさ、そしてそれを羅針盤として考えていく対人支援、それこそがこれからの対人援助のパラダイムになるのではないかと思います。

村瀬　普通ならそんな妄想なんて現実的ではないといって終わるところで、他人の妄想の内容には興味がないけれど妄想をもっているという苦しさに思いを寄せる……。

熊谷　どのような言葉をあてはめるかは難しいのですが、私は「アイロニー」という言葉を使っています。内容とは距離を置くけれど気持には寄り添う。先ほどの二重性とはまたちょっと違う二重性ですね。これも当事者研究のなかでよく論じられることですが、おそらく人間誰しも妄想の一つや二つは偏った信念集合としてもっているものです。しかし、価値観が多様化して信念体系も多様化している現代社会では、絶対的な正解は導きにくい状況にある。統合失調症の方が中心になって、このことが非常にわかりやすくディスプレイされている浦河べてるの家の実践は、現代社会の水先案内人のように私には見えます。信念集合の内容には距離を置きながら、しかしそこに共通する感情の機微には近距離で接する。たとえば人の恋愛相談に乗るとき、その人と同じ人を好きになるわけじゃないけれど、その人が恋焦がれて苦しむ気持は、自分のなかに過去の恋愛経験が集積されたスクリプトがあるので感情の動きとしてはわかります。ですから、そこに身を添わせながら相手の話を聞くスタイルになりますよね。これはとても大事なことで、統合失調症の当事者同士でそれが可能だということが、浦河べてるの家の大きな発見だったわけです。

村瀬　現象的にいうと、その人を一人ぼっちにさせていないということですね。状態の重い人は外から見ると奇妙な理屈で発言をしていると受け取られて、どうしても一人ぼっちになる。けれど、そのレベルで受けとられかねないところを避ける。それは本当の意味で当事者と思いを分かち合うということではないでしょうか。ですから急に全体が治らなくても、一人ぼっちで自分がエキセントリックではないと信じられたら、生きる希望の土台になりますよね。

たとえば私は過去に、人の体を触って「ナイフ持ってない？」と言ったり「殺されない？」と上の空で言ったりしていた、重い自閉症の小学生の男の子と出会ったことがあるのですけれど、彼は自分のことを「〇〇ちゃん必死」と言うんですね。この言動、周りからは明らかに奇妙に見えているはずです。しかし考えてみれば、昨日が安泰だったから今日も安泰とはまあ考えられるにしても、今日の状態が明日も続く保証はないですし、今が永遠に続くことは財産や地位の別なく誰にも保証されていないわけですから、そのとき瞬時に「たしかに彼の言う通り、生きるって必死なことだ」と思いました。そこでその子に「君は必死なんだね。でも考えてみれば、みんなこのまま安全だと思っているけれど、たぶんその安全も保証されていなくて、生きるって大変と思う気持ちをどこかでもっている。必死なのは君一人じゃない」って言ったのです。そうしたらパッと目を合わせて、そこからコンタクトが始まる――そういう経験をしたことを思い出しました。私と彼とのやりとりはたしかに妙なものだったかもしれません。ですが、よく考えると、「異様」と言われる人の言動は本質を不器用な形で言っているようにも見えてきます。それを汲み上げてみれば、それまでまったくつながれなかった子どもとコンタクトを始められると考えたのですが、これは当事者研究と似たようなところがあるでしょうか。

熊谷　今のご質問、ゾクッとしました……。内容は真に受けないけれども、そこにあるスクリプトに共感していくという作業は、小説を読むときの作業に似ています。「大昔の外国でお姫様が……」という架空の物語の内容は、自分が経験したことのないもので、信じているわけでもないけれど、その物語を読んで私たちは感動するわけです。内容と距離を取りながら共感していくという作業は、まさに文学的で、メタファーを抽出する心の働きだと思います。当事者研究は人の寓話に対して、その内容ではなくメタファー構造を見ていこうとしますから、先ほどのお話とはまさに通底しています。

村瀬　相対する人の個別性を大事にしながら、「一人ぼっちで変わっている人」と見るのではなく、ユニークだけれど確かな普遍性があることに気づけば、その人は一人ぼっちではなくなり、生きることに少し可能性も感じる。

熊谷　当事者研究をすると、たくさんの人のストーリーが頭に入ってきて、たくさんの寓話が集積されていきます。その寓話のデータベースがどれくらい多いかが、おそらくこのメタファー構造を解読する力を形成するのだと思います。村瀬先生のご著書を読んで、そのお考えにも感銘を受け、またクライエントと文学でつながっていく記述が心にしみわたったのですが、大文字の文学ではなく複数の小さな寓話が降り積もっていく当事者研究との共通性を感じていました。

村瀬　質の良い対人支援の仕事のためには、もちろん量的な裏づけによる実証も大事です。しかし同時に、個別のなかに普遍と真実があることを多くの人に納得してもらえるように伝えるには、文学を読むことも含めて、その表現法を磨いていくことも大切かもしれません。心理職が方法論を身につけていることは当然として、目の前の一人ひとりの特質にちゃんと焦点を合わせていることも大切ですが、そのような姿勢で人に会うと、逆説的に自ずと自信は揺らぐはずです。しかし、むしろその揺らぎを保ちながら、どこまでが理解できてどこからが疑問なのか、何を誰に相談すべきか、何を読んで勉強すべきなのかを考えることを大切に、既成の方法論を知りながら、慄きつづけて自ら発見する人であってほしい――熊谷先生はそうお考えになっていると思うのですけれど……。

熊谷 ええ、まったくその通りです。クライエントは身体的な存在であると同時に物語的な存在でもある以上、セラピストにもクライエントにも二重性が必要になります。物理的な肉体としてのクライエントに対して凛とした佇まいを保ちながら、その人の物語に対して内容から距離を置きながらスクリプトに共感していくこと、つまり身体的側面と物語的側面に二重化されたクライエントに対しては、セラピストにも二重化した態度が要請されます。

村瀬 熊谷先生のおっしゃる「物語」というものは、とめどなく流れる平板な私小説とは似て非なるものですよね。そしてこの物語に対して、「これでいいのだろうか」という慄きと冷徹さをもつことを記銘しなくてはなりませんね。

＊

熊谷 当事者運動以後、専門職と当事者の双方が歩み寄るチャンスは得られないままでした。しかし今、専門職と一度離別した当事者運動を経由してきた当事者研究は、専門職と新しい関係を取り戻しつつあるように私には見えます。当事者研究は、自分自身に対する「無知の知」に気づいていて、ただし経験の所有権についてはすべてを他者に奪われないよう慎重な姿勢を取っています。自分の経験はもしかしたら一人では解釈できないかもしれないから、仲間と一緒に、あるいは専門職と一緒に考えて研究対象にしていこうという動きは当事者からも生まれていて、それが当事者研究という運動に合流しています。ですから当事者が心理職をはじめとする対人援助専門職当事者のほうへと近寄りつつあるとも言えます。それこそ"The New England Journal of Medicine"の特集が象徴しているように、当事者を中心にしなければ価値あるエビデンス生成さえ不可能であることが明らかになった現在、専門職と当事者がコラボレーションする未来が始まりつつあります。

村瀬　一方で専門職は、よほど気をつけていないと、概念レベルで言葉を使ってわかったつもりになりかねません。当事者との本当の対話のためには、専門職はいつも実態と自分の言葉や概念が循環しているかを自問しなくてはならないと思います。

熊谷　当事者が蓄積しているたくさんの言葉を専門職が学ばなくてはいけないということですよね。当事者研究のテキストを専門職の方が読むと、全身が変わる感覚を覚え、そしてインテークが大きく変わるはずです。専門職は当事者発信の寓話をたくさん勉強する必要もありますし、そして日々待ったなしの状況にある当事者の側もまた、専門的な知識を貪欲に調べていくことになる。ですから、互いが使っている言葉に向かって互いを摺り合わせていくことが、これからは必要になっていくでしょうね。

村瀬　そうですね。これからの専門職と当事者との関係は変質していくでしょうし、心理職が本当に必要とされるためには、まさにその点を認識することが大きな鍵になるだろうと思います。

文　献

Gabriel SE & Normand SLT (2012) Getting the methods right : The foundation of patient-centered outcomes research. The New England Journal of Medicine 367 ; 787-790. [http://www.nejm.org/doi/full/10.1056/NEJMp1207437#t=article（二〇一六年一二月二日閲覧）]

熊谷晋一郎（二〇〇九）『リハビリの夜』医学書院
村瀬嘉代子（二〇一五）『心理療法家の気づきと想像──生活を視野に入れた心理臨床』金剛出版

［附］ 公認心理師法の成立と今後の課題

以下は、精神神経学雑誌第一一九巻第二号（平成二九年二月二五日発行）に掲載された。先立つ同学会の大会におけるシンポジストとしての発言を記事にしたものである。

心理職の国家資格創設は、昭和六三年の日本臨床心理士会の設立以来、会員の多くにとっての強い願いであった。筆者が平成一九年に会長となった当時、平成一七年に一旦議員立法案が発表されながら進展には困難な状況となっていた。日本臨床心理士会では仕事の領域毎に委員会を組織し、会員研修や諸方面との情報交換なども行っていたが、いずれの領域からも、この職能への社会のニーズ、役割への要請が伝わってきた。国家資格創設のために必要な多方面との交流、協議、陳情、情報整理など、その時々の状況に対応する作業は多かった。こころの健康に資する職能に携わる専門職に必要な条件とは、また、多くの関係者が関与するその国家資格を作る作業はいかにあることが望ましいか。私の思考を形にするとき、日本臨床心理士会専務理事の奥村茉莉子氏のご協力が欠かせなかったが、さらに掲載稿にあるように、この作業がさまざまな領域の多くの方々の御支援に負うものであったことにつき改めて深謝したい。

はじめに

二〇一五（平成二七）年九月一六日、公認心理師法が公布された。心理職にとり念願であったこの法の成立にあたり、多方面の皆さまのご尽力にこころより感謝申し上げる。この稿では、これまでの経緯の概略をふりかえり、成立した公認心理師法を確認し、社会における心理職の役割と課題について調査研究に基づいて考察する。

一　公認心理師法成立の経緯

臨床心理学は、第一次世界大戦の欧米において兵士の選別、戦傷者の障害判定、社会復帰計画などに用いられ、その後、企業や病院の業務に発展していった。第二次世界大戦後には日本においても、対人的な仕事の質を一定の水準に保持するために国家資格化が話題にされるようになった。しかし時代の要請が高まるには年月を要し、さまざまな紆余曲折があった。

長らく国家資格としての制度化が困難であったので、一九八八年に日本臨床心理士資格認定協会（以下、資格認定協会）が設立され、臨床心理士の認定が開始された。翌年には職能団体である日本臨床心理士会が設立された。資格認定協会は一九九〇年に文部科学省所管の一般財団法人となり、同年に厚生労働省による「臨床心理技術者業務資格制度検討会」が開始された。

一九九五年には不登校対策としてスクールカウンセラー活用調査研究委託事業が開始され、心理職の仕事はさまざまな場所に少しずつ拡大することになった。厚生科学研究は二〇〇二年にとりまとめ報告書を出して終了した。

二〇〇五年には医療領域の資格制度をめざす「医療心理師国家資格制度推進協議会（推進協）」が日本心理学会を中心として作られ、「医療心理師の国家資格法を実現する議員の会」が発足した。続いて「臨床心理職の国家資格化を通じ国民の心のケアの充実を目指す議員懇談会」が河村建夫衆議院議員が幹事長となって発足し、この議員連盟を後押しする形で日本心理臨床学会が中心になり「臨床心理職国家資格推進連絡協議会（推進連）」が発足した。同年七月五日に「臨床心理士及び医療心理師法案要綱骨子」が超党派議連の合同会議で公表されたが、同様の仕事に二つの資格という不自然への異論が多々出され、動きは進まなかった。

二〇〇八年になって主要な医療団体から日本臨床心理士会への呼びかけがあり、また同時期に推進連と推進協も話し合いを始めた。国家資格のあり方をめぐって意見を異にしてきた関係者で構成する諸団体が、推進連（日本臨床心理士会、日本心理臨床学会、臨床心理系諸学会を含む約二五団体）、推進協（日本心理学会と全心協、精神科七者懇談会所属団体等を含む約二五団体）、日心連（約五〇の基礎系、臨床系、発達系の心理学会）の三団体として、二〇〇九年初頭から三団体会談と名づけた協議を開始した。二〇一一年一〇月に三団体として一本化した要望書「心理職者に国家資格を」を公表し、公認心理師法案はこの要望書と前述の二資格一法案を素材としつつさまざまな意見の調整を経て策定されることになった。

二　公認心理師法の成立

心理関係者が一本化したことから、二資格一法案を策定した両議連も一本化することになり、自民党の議連「心理職の国家資格化を推進する議員連盟」が二〇一三年六月に設立され、法案策定が進められた。また、民間の試験機関候補が必要であったため、三団体関係者は、一般財団法人日本心理研修センターを二〇一三年四月に設立し、心理職の研修事業を中心に活動を始めた。

二〇一四年四月に衆議院議員の山下貴司氏の起草による法案が三団体関係者に提示された。この法案には医療機関以外でも医師の指示という条項が連携とともに示されていること、受験資格に学部卒者で実務経験がある者も含まれるという内容について、関係者の間でさまざまな議論があった。この法案は二〇一四年秋の臨時国会の解散により一旦廃案となったが、二〇一五年七月に再提出、九月九日に成立した。

終始一貫して尽力された山下貴司衆議院議員のフェイスブック（二〇一五年九月二日）には以下の報告がある。

心理の専門家に国家資格を認める「公認心理師法案」が衆議院文部科学委員会で可決！……（中略）……ここ最近取り組んでいた「ミッション・インポッシブル」な仕事とは、この法案を確実に今国会で、しかも「全会一致」でとおすこと。この「インポッシブル」ぶりについて、今はつまびらかにできないのが残念ですが、平和安全法案審議などで真っ二つに割れた与野党対立の中で飛び回り、心理の専門家に国家資格を認めることの重要性について訴え続け、その想いを党派を超えて共有していただくことができました。

また同年九月九日の参議院本会議での成立については、以下のように書かれている。

長年の悲願であった、公認心理師法が参議院において「全会一致」で可決、成立しました！ これで「Mission Complete（任務完了）」です。この法案は、学校、医療・福祉、職場その他で心の問題を抱える国民のニーズに応えるため、臨床心理士をはじめとする心理職の皆様の実績とご尽力を踏まえ、この分野で初めての国家資格「公認心理師」を創設するものです。この資格ができることにより、さらに国民の心の問題に取り組む専門家が充実することを期待しており、心理学を学んでおられる学生の皆さんにも新しい進路を提供するものです。

三　公認心理師法の概要と施行スケジュール

公認心理師法の概要は、表1の通りである。

施行スケジュールは、すでにさまざまなところで広報されているが、法はカリキュラム検討や経過措置の受験資格などの検討を経て二〇一七年九月には施行されることになっている。第一回の経過措置による試験は二〇一八年内に実施され、その後五年間は受験資格の特例（図1）にそった試験が実施される。なお、試験実施機関は、二〇一六年四月に一般財団法人日本心理研修センターに指定された。

表1　公認心理師法の概要

一　目的
公認心理師の資格を定めて、その業務の適正を図り、もって国民の心の健康の保持増進に寄与することを目的とする。

二　定義
「公認心理師」とは、（中略）保健医療、福祉、教育その他の分野において、心理学に関する専門的知識及び技術をもって、次に掲げる行為を行うことを業とする者をいう。
①心理に関する支援を要する者の心理状態の観察、その結果の分析
②心理に関する支援を要する者に対する、その心理に関する相談及び助言、指導その他の援助
③心理に関する支援を要する者の関係者に対する相談及び助言、指導その他の援助
④心の健康に関する知識の普及を図るための教育及び情報の提供

三　試験
（一部略）受験資格は、以下の者に付与する。
①大学において主務大臣指定の心理学等に関する科目を修め、かつ、大学院において主務大臣指定の心理学等の科目を修めてその課程を修了した者等
②大学で主務大臣指定の心理学等に関する科目を修め、卒業後一定期間の実務経験を積んだ者等
③主務大臣が①及び②に掲げる者と同等以上の知識及び技能を有すると認めた者

四　義務
1　信用失墜行為の禁止
2　秘密保持義務（違反者には罰則）
3　公認心理師は、業務を行うに当たっては、医師、教員その他の関係者との連携を保たねばならず、心理に関する支援を要する者に当該支援に係る主治医があるときは、その指示を受けなければならない。

五　名称使用制限
公認心理師でない者は、公認心理師の名称又は心理師という文字を用いた名称を使用してはならない。（違反者には罰則）

六　主務大臣
文部科学大臣及び厚生労働大臣

七　施行期日（略）

八　経過措置
既帯の心理職資格者等に係る受験資格等について、所要の経過措置を設ける。

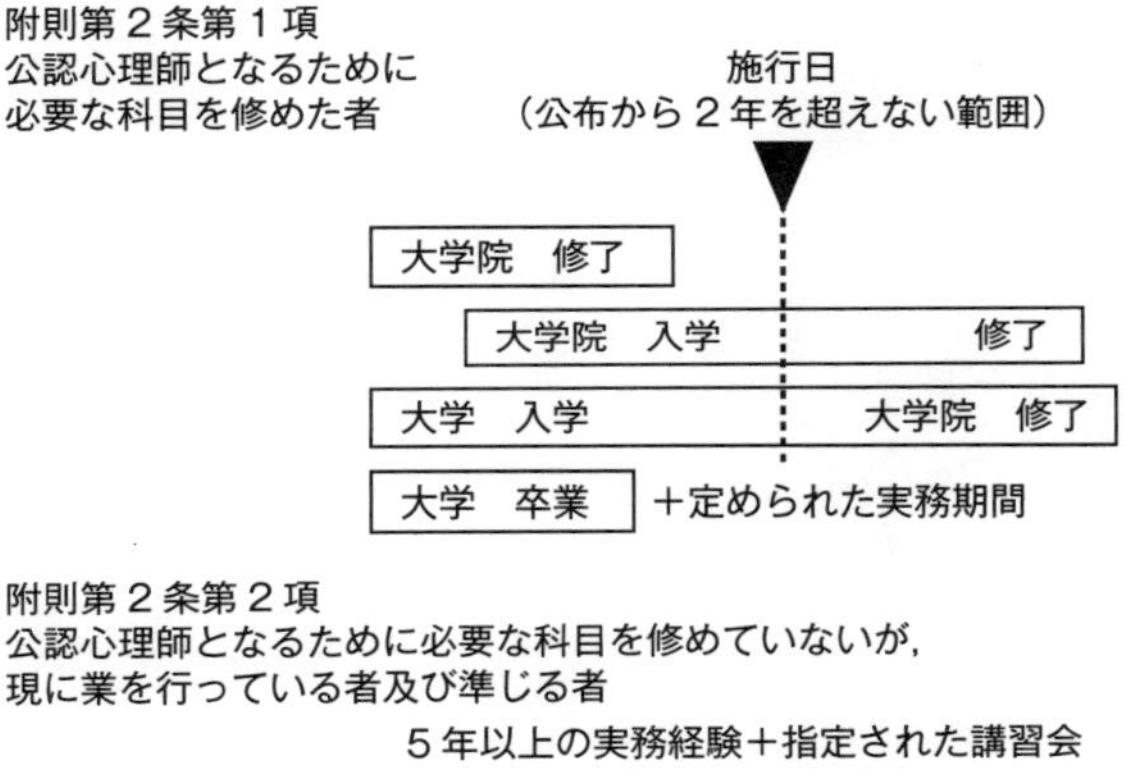

図１　受験資格の特例

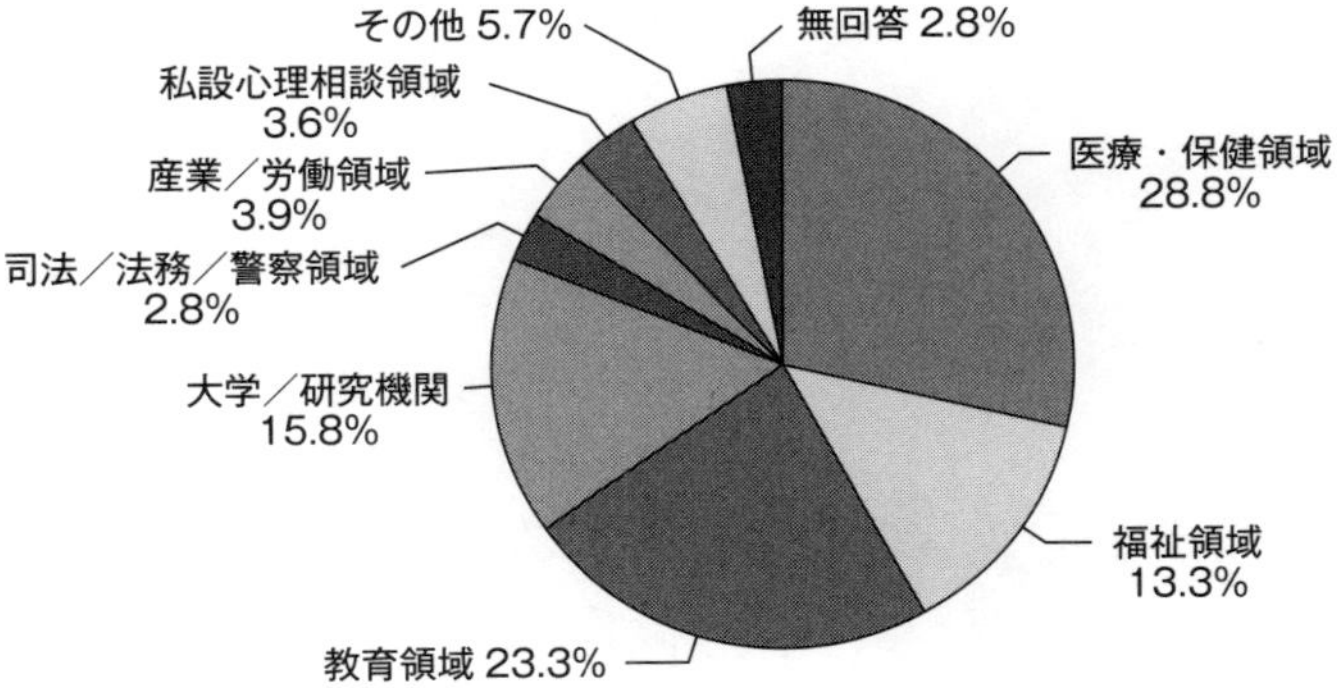

図２　心理職の主たる勤務領域
（日本臨床心理士会、2015 年動向調査、N=10,321）

四　公認心理師の業務領域について

諸領域における心理職の仕事は近年ますます拡大分化している（図2）。医療のみならず、たとえば自衛隊の陸海空各駐屯地には技官として配置がなされているし、昨今難しい事案のある海上保安庁にも採用されている。また司法、法務、警察領域でも離婚に際しての子どもの権利擁護の問題や国外退去者の収容施設のメンタルヘルス問題、薬物事犯者の更生など、いずれも重い内容をもつ問題へのかかわりが求められている。また二〇〇四年一二月には裁判外紛争解決手続きの利用の促進に関する法、通称ＡＤＲ法が施行された。家事事件などの家族の問題にかかわる仕事はこれまでにも増して心理職として取り組むべき課題である。また、メンタルヘルスチェックが話題となっている産業領域でも、働く人の動機づけ、生きがいの向上が組織の業務効率低下を防ぐために求められる課題である。精神障害者の地域生活を支援する仕事は服薬の継続も含めてチーム医療のもとでのアウトリーチなどへの参加が課題である。学校においてはチーム学校体制における役割が求められる。

人々のこころの生活にかかわる問題は関連しあって輻輳的であり、領域によって問題がはっきりと異なるわけではない。心理職はどのような場においても心理専門性はもとより、人間性と社会性を併せもつバランス感覚ある働きが求められる。

五　今後の養成の課題

平成二六年度厚生労働科学特別研究（主任研究者—村瀬嘉代子）で「心理職の役割の明確化と育成に関

する研究（村瀬ら二〇一五）が行われたが、その要旨は以下のようであった。

カリキュラムの現状調査、医療、福祉、教育、産業、司法矯正、警察、大学・研究機関、それぞれの領域における心理職の職務調査、欧米における医療分野の心理職教育システムの調査、これらの調査の結果、心理査定、心理面接、地域援助、教育研究という従来の職務に加えて、能動的に、現実状況を、速やかに適切に捉え、既知の理論や技術を一律にあてはめるのではなく、事実を的確にアセスメントし、それに即応した支援を行える技能、態度が以前にも増して求められることが明らかになった。現実には、多次元にわたり輻輳する要因がかかわるような困難な問題が多く生じている今日、多職種の協働体制が求められている。

それには、個別的に即応したアセスメントや支援にとどまらず、全体状況を的確に捉え、対応の方向を見通すことにもつながる、いわばケースマネジメントのセンス、よいチームワークができること、フットワークの軽いアウトリーチなどが求められていることが明らかになった。それに伴い、養成や研修を充実させることが喫緊の課題であるため、カリキュラムの再構成、研修体制の充実が必要である。

六　日本心理研修センターの取り組み

公認心理師の試験機関に指定された日本心理研修センターでは、国から委託される試験事務のほかに心理職の「実践的総合力」の習得向上に向けて研修体制を作ろうとしている。業務のスタンダードを五領域にわたって明らかにし、研修の進行過程を検証しつつ進めることにより、ステップアップを促し、指導者養成研修も進める計画である。

おわりに

わが国の臨床心理学は、その発展の特色として、演繹的、すなわち始めに理論や技法ありきの傾向がみられたことは否めない。しかし実際の支援では、理論や技法をその支援に用いる根拠への説明責任の自覚が必要であるし、現実原則、法、行政構造と機能の中の仕事であるという自覚も不可欠である。またチームワークの中で働くバランス感覚、協働のセンス、加えて、いわゆるケースマネジメントのセンスをもって全体構造をしっかり捉えながら、その中での心理職者としての仕事を協調して行うことが肝要である。さらに数量で示すエビデンスにはなじまないが生きる上で不可欠な問いに寄り添う姿勢など、ジェネラルであることと専門性とのバランスある両立も課題である。

一九八七年の「社会福祉士及び介護福祉士法」の成立から二八年、また一九九七年の「精神保健福祉士法」「言語聴覚士法」の成立から一八年が過ぎている。この間、社会の制度に必ずしも位置づけをもてなかった心理職にとって、国家資格が作られたことの意味は大きい。一方、前述したように、そこで要求される仕事のあり方の課題に向けて、専門領域においては当然のことであるが、幅広いあらゆる職域においての研鑽、努力が求められる。

なお、本論文に関連して、開示すべき利益相反はない。

文献

厚生労働省（二〇一六）公認心理師法概要（http://www.mhlw.go.jp/file/06-Seisakujouhou-12200000-Shakaiengokyokushougaihokenfukushibu/0000116068.pdf）

村瀬嘉代子、黒木俊秀、大野博之ほか（二〇一五）厚生労働科学特別研究事業「心理職の役割の明確化と育成に関する研究」（課題番号H26特別指定-011）平成二六年度総合（総括分担）研究報告書厚生労働科学研究データベース

あとがきに代えて

――個別的に、ほどよいバランス感覚、分かち合うセンス――

この世はあらゆる意味で、定型発達をしている人を基準にできている。一歩外へ出れば、標示物や掲示は当然のこととして、読字読解力のある人が読むものと想定されている。購買意欲をかき立てるための時に喧噪音とも聞こえる店頭から溢れるボリューム一杯の音楽は、器用に刺激を選択的に受け取ることが苦手な発達障害児にとって、脅えの感覚を引き起こす。こういう違和感を覚えやすい諸々の基準や刺激が一杯の世界で、それらにできるだけ適応するように発達障害児は小さい時から療育を受け、どれほど多くのエネルギーを使い、努力していることか。しかも、その努力はここで到達というわけにはいかない（もちろん、定型発達をしている者も、人間たゆまぬ自己陶冶が望まれるけれど）。結果の如何でなく、過程での努力は大変なものなのだと思う。これまで心理的支援を通して出会ってきた発達障害児に私は密かに敬意に似た気持で接していた。

幼児期に出会った発達障害児の人たちは中・高年となられた。余儀なく転職を迫られ、同僚の心ない仕打ちを受けたりしながらも生真面目に務めているAさん。彼は腕のよいタイル職人だが雇い主が倒産した。今はレストランの食器洗いで、手がひび荒れて大変だという。デリケートな形の食器だから手袋なんてダメです、と。

作業所の寮で暮らしてる、よい働き手と言われているBさんは、今も私へ葉書を書くのに辞書を引いているという。五〇歳を過ぎて、葉書の文面は緩やかだが豊かになっている。

学齢期には、有意味の発語は期待できない、といわれていたCさんは三〇代になってから、二語文で会話が可能になり、数年ぶりに会う私の名前をぱっと呼び、お茶を入れてすすめて下さる。一方、成長期に酷いいじめや厳しい（と本人には感じられた）、いうなればスパルタ的療育を受けた人の中には、今も当時の療育者の声に似た人の少し強い話し方をきくと、突如、激しいパニック状態や不穏になり、それが生活の妨げになっている人もいる。

療育の基底や日常生活に、その子の障害ばかりではなく、人としての特徴をしっかり捉えたかかわり方、ただ熱心で厳しいばかりではなく楽しみのあるバランス感覚のある療育、そして、ことさらでなく自然にちょっと交流ができるというような人間関係に恵まれること、これが障害を抱いて生きていく生をさりげなく支えているように思われる。

附記

近年、私が求められ書きましたものを立石正信金剛出版社長が書名を決め、このように一書にしてくださいました。まず厚くお礼申しあげます。

想えば私は職業人として家庭裁判所調査官になりましたのも、友人が一緒にと受験の手続きを勧めてくれた結果でした。引っ込み思案の私は家裁調査官研修所を終了後は義務年限の勤務を果たしたら、ひっそり暮らすと内心決めておりました。初任地でこれも思いもよらないことでしたが同窓会費を納めに伺った先輩がその地の弁護士会長（その地で検事正で御退任された故林隆行先生）夫人でした。玄関でその弁護士会長が初対面の私をちらりとご覧になり、「今夜夕食に是非」とお招きくださり、さらに「我が家の子どもたちの兄妹関係では貴女くらいの年齢の幅が開いている、部屋も余っている、絶対越していらっしゃい」とわが耳を疑うお話を突然戴いたのです。

畏れ多く幾度も辞退しましたが、弁護士会長ご夫妻と若いお手伝いさんと四人の朝・夕食を共にし、お手伝いさんを程よく手伝うという生活が始まりました。毎夕食後四〇分位、林先生から手がけられた事件のお話、人の生き方にかかわるには一般教養が必要だと、古今東西の文学作品、その他美術、音楽について、豊かで示唆深いお話をしてくださり、それらについてリスポンスを求められました。ことに取り調べ（思想犯を多く取り調べされたと伺いました）について、秘訣は厳しく非難や叱責調になるのではなく、相手より何事についても深く的確に勉強していること、相手も人だとこころしていることが要諦だと仰ったのが強く印象に残りました。マルキシズムその他、多領域にわたる御蔵書は夥しい量でした。先生は毎日午前三時半に起床して、事件記録や書物を読んでいらっしゃいました。ガリ勉は駄目だと休日はテニスや展覧会へ奥様ともども伴ってくださったのでした。ご夫妻と私の両親とは親交の間がらになっていました。

研修終了時、思いもかけず在職のまま、留学の機会を戴き、今日では想像しがたいくらいに当時のわが国とは社会・経済・文化的に大きく異なっており、世界のリーダーを自負するアメリカで一年学生生活を送りました。正規の時間割の合間に帰国後の仕事に役立つようにと個別的にさまざまな学びの機会が用意され、私にはもったいないような一家を成した研究者の研究会兼晩餐会に招じられたりする他、社会の栄光の陰、というような施設のあちこちへも実習指導の先生は自ら運転して私を伴い、入所者と交わる機会を用意してくださったのでした。一方、私を一瞥するなり、敗戦国の日本人と侮蔑の感情をあからさまにされるクライエントとの面接をどうすすめられるのかなど、密度濃く刺激豊かな日々でした。ただ、彼の地での経験を帰国しての現実の中でどう伝え、展開させるのか、直輸入や再現を急ぐことは進展に直結することではない、刮目して考えるようにという指導教授の助言は真に貴重なものでした。

けしてひけらかす気持で記すのではありませんが、私は恵まれた出会いによって、新しい課題に出会い、考える機会を今日に到るまでさまざまに与えられてきました。家庭裁判所調査官研修所で永年、時代の推移と要請を感じ取りながらゼミ形式の授業をさせて戴いたのは土居健郎先生が秘かにお奨めくださったのだと伺いましたし、お名前だけ存じあげていた故岡田敬蔵先生（精神科医、当時は大正大学教授でいらっしゃいましたが都立精神医学総合研究所所長、都立松沢病院院長歴任）が「これからわが国のメンタルへルスが向上していくにはコメディカルスタッフの質の向上が必須である。貴女の文を読んで後を託すと決めた」と突如御電話戴いたのが大正大学に心理学を学び実践する今の場がある始まりでした。

わが国初めてと言われる親権・監護権を巡る民事鑑定、児童虐待という言葉が社会現象のように語られることもなかった頃、ささやかながらそういう領域へかかわるようになったこと、黎明期の重複聴覚障害者への支援へかかわり、今に到っていること、いずれも受け身的に機会を与えられて、ほとんど前例のない模索の始まりでした。他方、臨床実践、研究、教育の機会ばかりではなく、家庭生活と仕事の両立に立ち往生しかけた時も支え協力してくださる方々が申し出てくださり支えられてきました。

つまり私とは有名、無名数えきれない多くの方々から智恵、惻隠の情、時に行動力が与えられ結晶化したもので、タマネギの皮を剝ぐようにこれは○○、次は○○と剝がしていくと……、多くの人から与えられ造られたものだということが明らかになります。秘かにこのことを意識して、その時、その時微力でもそれを仕事や私人としての生き方を通してお返ししたい……、と考えて今日に到りました。何と不十分かと内心忸怩たる思いですけれど。書名にジェネラリストと立石氏が付されましたのも私のこの感覚と呼応しているように思われます。

私の臨床実践を評して高名な先生から臨床心理学の枠を外れている、と評して戴いたことがあります。ただ、既成の技法や理論を批判しようなどという気持は毛頭なく、目前に課された問題としての事実を的確に理解し、非支援者の自尊心を大切にして解決しよう、もしくは解決、解消が望めずとも軽快し、要支援者が生きやすくなるにはどういう方法が適切か、その方法を適用することは自分に資格があり責任が負えるか、さらにその方法を当の要支援者はどう受けとめているかということに留意して仕事をして参りました。要支援者の体験世界を限りなく追体験し、分かろうとしつつ、他方で自分とその支援行為を相対化して捉え、検討することを同時並行に行うようにしてきました。

仕事の始まりが家庭裁判所調査官であったこともありましょう。今日しきりに提唱される生物・心理・社会モデルはこの用語こそ用いませんでしたが、人生にかかわる仕事に当然求められる視点として仕事を通して当初から実践していました。対象とする問題が拡がりはしましたが僅かな勾配のらせん階段を昇ってきたようなこれまでの遅々とした歩みです。日暮れて道遠しの感がひとしおです。お読みくださいまして御高見などお聞かせ戴ければ幸いです。

読者の皆様のご多幸をこころからお祈り申しあげます。

本年の暮れには国家資格の公認心理師が誕生いたします。変化には希望、期待と共に不安や戸惑いも伴います。それらを心理職者が社会の人々の精神的健康の維持・増進と幸せにささやかでも確かに裨益する存在となっていくエネルギーに、ご一緒に変えて参りたく願っております。

平成三〇年八月初旬

朝顔の花の涼やかな青色に慰められる　酷暑の夏に

村瀬　嘉代子

索　引

■初出一覧

- はじめに――理論を超える現実：ジェネラリストとしての臨床家　精神療法 43巻1号，2017
- 臨床心理学を学ぶとはどういうことか　心理学を学ぼう　心理学書販売研究会，2011
- 心理療法の基本と統合的心理療法　精神神経学雑誌118巻7号，2016
- 心理的援助と生活を支える視点　臨床心理学4巻2号，2004
- 心理臨床における判断　臨床心理学16巻3号　2016
- 心理療法と支援　森田療法学会雑誌28巻1号　特別講演　2017
- 心理アセスメントが治療・支援に役立つために　こころの科学184号，2015
- 子どもの心理療法のこれから―現実生活と理論や技法を繋ぐ　児童青年精神医学とその近接領域55巻3号　2014
- 聴くという営み　こころの科学140号　2007
- 見えること・聞こえること・コミュニケーション　そだちの科学9号　2007
- 司法・矯正領域において求められる心理職の活動　臨床心理学15巻4号，2015
- 罪と人に相対する　臨床心理学17巻6号，2017
- 職域の多様化・新しい領域・ケーススタディ　臨床心理学増刊5号
- 子どもを育てるという経験　そだちの科学10号　2008
- ADHDとよばれる人々に出会うとき　そだちの科学6号　2006
- それぞれの生を全うするということ―こころみ学園を訪れて　臨床心理学14巻6号，2014
- それぞれその人らしく　こころの科学171号　2013
- ほの見えてくる現実の光と影　そだちの科学4号　2005
- それぞれの生を支えあうセンス　統合失調症のひろば創刊号　2013
- 臨床と日々の生活を貫くもの　児童青年精神医学とその近接領域58巻4号 特別講演，2016
- 「本当に必要とされる心理職」の条件　臨床心理学17巻1号（対談），2017
- 公認心理師法の成立と今後の課題　精神神経学雑誌119巻2号　2017
- あとがきに代えて―個別的に，ほどよいバランス感覚，分かち合うセンス LD ADHD & ASD 48号，2014

■著者略歴

村瀬嘉代子（むらせ・かよこ）

1959 年　奈良女子大学文学部心理学科卒業。

1959-1965 年　家庭裁判所調査官（補）

1962-1963 年　カリフォルニア大学大学院バークレイ校留学。

1965 年　大正大学カウンセリング研究所講師，1984 年より同助教授。1987-2008 年　同教授。1993-2008 年　大正大学人間学部並びに大学院人間福祉学科臨床心理学専攻教授。2008 年より，北翔大学大学院人間福祉学研究科教授，大正大学名誉教授（2009 年より，同大学客員教授）
臨床心理士，博士（文学），（財）日本心理研修センター理事長

著書:「新訂増補 子どもと大人の心の架け橋」「子どもの心に出会うとき」「子どもと家族への援助」「子どもと家族への統合的心理療法」「統合的心理療法の考え方」「心理臨床という営み」「心理療法と生活事象」「心理療法家の気づきと想像」「すべてをこころの糧に」（共著）「電話相談の考え方とその実践」（共著）「詳解 子どもと思春期の精神医学」（共著）「統合的心理療法の事例研究」（共著）「心理療法の基本［完全版］」（共著）「村瀬嘉代子のスーパービジョン」（共著）金剛出版，「聴覚障害者の心理臨床」「聴覚障害者への統合的アプローチ」日本評論社，「柔らかなこころ，静かな思い」「小さな贈り物」創元社，「子どものこころと福祉」（監修）新曜社，他多数。

ジェネラリストとしての心理臨床家《しんりりんしょうか》

——クライエントと大切な事実をどう分かち合うか——

2018 年 9 月 10 日　印刷
2018 年 9 月 20 日　発行

著　者　村瀬嘉代子

発行者　立石　正信

発行所　株式会社　金剛出版
〒 112-0005　東京都文京区水道 1-5-16
電話 03-3815-6661　振替 00120-6-34848

印　刷　音羽印刷

ISBN978-4-7724-1637-5　C3011